Não faça nada, só fique sentado
Um retiro de meditação budista
ao alcance de todos

Dados Internacionais de Catalogação na Publicação (CIP)
(Câmara Brasileira do Livro, SP, Brasil)

Boorstein, Sylvia
Não faça nada, só fique sentado : um retiro de
meditação budista ao alcance de todos / Sylvia
Boorstein ; I tradução Laura Teixeira Motta I. — São
Paulo : Ágora, 1999.

Título original : Dont't just do something, sit there.
ISBN 85-7183-704-X

1. Meditação – Budismo 2. Vida espiritual –
Budismo I. Título. II. Título: Um retiro de meditação
budista ao alcance de todos.

99-4229   CDD-294.3443

Índices para catálogo sistemático:

1. Budismo : Meditação   294.3443
2. Meditação budista   294.3443

Não faça nada, só fique sentado
Um retiro de meditação budista ao alcance de todos

Sylvia Boorstein

ÁGORA

Do original em língua inglesa
DON'T JUST DO SOMETHING, SIT THERE:
A mindfulness retreat.
Copyright © 1996 by Sylvia Boorstein,
publicado por acordo com Harper San Francisco,
uma divisão da HarperCollins Publishers, Inc.

Tradução:
Laura Teixeira Motta

Capa:
Fernanda Guedes

Editoração Eletrônica:
Acqua Estúdio Gráfico

Proibida a reprodução total ou parcial
deste livro, por qualquer meio e sistema,
sem o prévio consentimento da Editora.

EDITORA AFILIADA

Todos os direitos reservados pela
Editora Ágora Ltda.

Rua Itapicuru, 613 – cj. 82
05006-000 – São Paulo, SP
Telefone: (011) 3871-4569
http://www.editoraagora.com.br
e-mail: editora@editoraagora.com.br

*Em reconhecimento pela consciência plena
e com gratidão pela
oportunidade da prática,
este livro é dedicado a você, leitor.*

*Que sua prática floresça.
Que todos nós despertemos.
Que todos os seres sejam felizes.*

Agradeço a todos os meus alunos que, ao compartilhar sua prática comigo, colaboraram para que eu me tornasse professora. Sou grata a eles. Minha amiga Martha Ley me ajudou a preparar os originais com apurada opinião crítica e um coração absolutamente acrítico.

Obrigada, Martha.

Índice

Preparação para o retiro	11
Não faça nada, só fique sentado	13
A cosmologia é opcional	15
"Ninguém tem uma avó budista"	17
Por que meditar?	18
Mas por que fazer um *retiro* para meditação?	20
Simplifique	22
Leve o mínimo de coisas: o mantra de Mary	24
"É apenas um fim de semana"	26
Primeiro dia: o dia da chegada	27
Programação para este retiro	29
Desfazendo as malas	31
Reflexões do refúgio	32
Caminhando com olhos virgens	34
Instruções e dicas úteis	36
Instruções para a prática da meditação na posição sentada	38
As instruções mais fáceis de todas	41
O chá da noite	42
"Nada acontece em seguida. É isso!"	43
Segundo dia: um dia inteiro de prática	45
Antes do desjejum: meditação sobre os sons	47
Desjejum	49
Três exercícios para a meditação na posição sentada	50
Conversando consigo mesmo	55
Instruções básicas para a meditação formal andando	57
Variação no tema da meditação da respiração	59
"Não há nada sobre o que valha a pena pensar"	62

Mais instruções para andar 64
Não há intervalos de tempo 66
Instruções para a alimentação 67
Meditação da alimentação 70
Mantenha a consciência plena 71
A prática da tarde na posição sentada: aguarde e observe
  bem 73
Trabalhando com estados mentais difíceis 74
"Quero a Mamãe! Quero o Papai!": uma história de
  sensualidade 76
Nadando em Jerusalém: uma história de aversão 79
"Esperra um poco, esperra um poco!": uma história de
  preguiça e torpor 82
O Havaí é aqui: uma história de inquietude 84
O momento Macbeth: uma história de dúvida 86
Instruções para a primeira caminhada da tarde: escolha uma
  velocidade adequada à sua necessidade 89
Prática na posição sentada no fim da tarde: buscando
  insights 90
Caminhada no fim da tarde: andando com sabedoria 92
O fenômeno brócolis 93
Jantar 96
Palestra noturna sobre o *dharma*: os sete fatores da
  iluminação 97
Instruções para a caminhada da noite 104
Última meditação noturna na posição sentada: a um rabisco
  da iluminação 106
Seja lá como for que você esteja se saindo, está se saindo
  muito bem 108
Fim do segundo dia 109

Terceiro dia: o dia de voltar para casa 111
Antes do desjejum 113
Meditação da alimentação 114
Meditação do preceito 116

Preparação para a meditação da bondade amorosa 118
Prática formal da bondade amorosa 121
"O importante é plantar" 125
A grande dádiva da consciência plena 127
Receita da sopa de Buda 129

PARTE 1

*Preparação para
o Retiro*

Não faça nada,
só fique sentado

Quando me ofereceram a oportunidade de escrever este livro, fiquei encantada. A preocupação chegou um instante depois. "Epa!", pensei. "Um manual geralmente prescreve coisas a fazer. Como é que eu posso dizer 'Não faça nada, só fique sentado'?"

Comecei a pensar nos rituais budistas que conheço. Certas linhagens de práticas contêm cerimônias, preces e cânticos, todos adoráveis. Porém, tão logo eu os recordava, punha-os de lado. Na prática da consciência plena*, a única coisa que acrescentamos à experiência do momento é a atenção serena.

A consciência plena, a prática para ver claramente, significa despertar para a felicidade do momento descomplicado. Nós complicamos os momentos. Quase nada acontece sem que a mente elabore profusamente o ocorrido. É a elaboração que torna a vida mais difícil do que ela precisa ser.

Descobri meu hábito de transformar fatos neutros em opinião penosa muitos anos atrás, quando telefonei a um mosteiro para providenciar um retiro particular. A pessoa que me atendeu disse: "A senhora precisa falar com Robert, o mestre do retiro". Deixei um recado para Robert e me garantiram que ele me telefonaria. No dia seguinte havia uma mensagem dele em minha secretária eletrônica, dizendo que ele estava retornando meu telefonema. Retornei a ligação e, mais uma vez, disseram-me que Robert não estava. Expliquei que eu tinha telefonado para Robert, que ele telefonara para mim e

---

* O termo original, em inglês, é *mindfulness*, consagrado entre meditadores, de difícil tradução. *Mindfully*, no dicionário *Webster*, consta como: conscientemente, cautelosamente, cuidadosamente, atentamente. No dicionário *Michaelis*, o termo consta como: atenção, cuidado, diligência. No Brasil, tradutores diversos têm usado expressões como consciência plena, totalidade de consciência ou mente plena. (N.E.)

lá estava eu, de novo, ligando para ele. Acrescentei, exagerando a situação: "Talvez isto seja sinal de que não devo fazer meu retiro aí". A resposta que recebi foi: "Acho que é simplesmente um sinal de que Robert não está aqui". Eu havia complicado meu momento.

A prática da consciência plena é o hábito de ver as coisas de modo descomplicado. Você não precisa esperar até fazer um retiro para começar a praticar. Também não precisa *sair* de onde está para fazer seu retiro. Se você puder providenciar facilmente um espaço no qual possa fazer um retiro, ótimo. *Ajuda* a ficar longe das responsabilidades com relação à família e a ter um pouco de reclusão. Mas se afastar-se do lar não for uma opção, você pode fazer um retiro em casa, deixando de lado as atribulações familiares, desligando o telefone e pregando um aviso: "Retiro de três dias em andamento".

A prática do retiro começa antes do próprio retiro. Começa com a *decisão* de praticar, com a intenção de dedicar-se à consciência plena. Você já começou.

A cosmologia é opcional

Você pode praticar a consciência plena sem se preocupar em comprometer suas crenças ou afiliações religiosas. É verdade que Buda tinha uma cosmologia que talvez seja diferente da que você tem, e *é* verdade que Buda ensinou a auto-observação como uma prática fundamental, mas ele não ensinou que cosmologia e consciência plena eram interdependentes.

Uma célebre história budista fala sobre um monge noviço que reclama a Buda não lhe terem sido dadas respostas cosmológicas suficientes. (Imagine! Reclamar ao *Buda*!) Na história, Buda concorda com o noviço, mas afirma que formulações intelectuais não são o que põem fim ao sofrimento. Para ilustrar seu argumento, ele dá um exemplo hipotético no qual uma pessoa ferida por uma flecha venenosa discute os pormenores da flechada antes que a removam. Remover a flecha, e não discutir a flechada, é o modo de abordar o sofrimento da pessoa. Um Buda contemporâneo poderia usar o exemplo de uma pessoa ferida num acidente e transportada velozmente por paramédicos para um pronto-socorro. O ferido não permanece no local para discutir os detalhes; a polícia pode fazer isso. Lidar de forma direta com o sofrimento é claramente a resposta mais sábia.

Buda ensinou que a consciência plena é o antídoto direto para o sofrimento, porque conduz à sabedoria. Gosto de pensar que a prática da consciência plena é um modo de tornar-se sábio *e* ser sábio simultaneamente.

A parte do *tornar-se sábio* é um processo gradual. Prestando atenção calmamente, em todas as situações, começamos a ver com clareza a verdade da experiência da vida. Percebemos que dor e gozo são ambos inevitáveis e que também são ambos temporários. Lembramos, cada vez com mais freqüência, que lutar causa sofrimento e que reações compassivas e ponderadas tornam a vida governável. Às vezes, nos esquecemos. O objetivo de longo prazo da prática é nunca esquecer.

A parte do *ser sábio* da prática da consciência plena acontece quando agimos agora, neste exato momento, no caminho para nunca esquecer. A prática da consciência plena cultiva o hábito de não nos zangarmos com a vida porque ela não está acontecendo do modo como gostaríamos. Situações desagradáveis requerem reações equilibradas. A raiva é supérflua. A prática da consciência plena também faz cultivar o hábito de desfrutar experiências agradáveis enquanto duram, sem lamentar que elas passaram. Não obstante os comerciais sobre câmeras fotográficas, não podemos capturar o momento. A prática da consciência plena significa *agir* como se já estivéssemos iluminados.

"Ninguém tem uma avó budista"

Minha amiga Jean contou-me que descobriu um grande ninho de marimbondos sob o beiral de seu telhado. Sua neta de oito anos, Courtney, que estava com ela na época, sentiu medo e não quis ficar do lado de fora da casa. Jean também ficou aflita com a presença de tantos marimbondos, parando para refletir sobre possíveis soluções para o problema.

Percebendo a relutância da avó em tomar uma providência imediata, Courtney perguntou: "O que a senhora está esperando?".

"Eu estou pensando", respondeu Jean. "Também não gosto de ter esses marimbondos aqui, mas os budistas não gostam de fazer mal a seres vivos..."

Courtney olhou de esguelha para Jean, com aquela expressão cética das crianças quando julgam que alguém pode estar caçoando delas. Por fim, descrente, ela sacudiu a cabeça e disse: "Que nada! *Ninguém* tem uma avó budista".

Creio que Courtney estava querendo dizer: "Ei, você não pode mudar meus contextos culturais de uma hora para outra!". Praticar a consciência plena não significa tornar-se budista. Significa viver como Buda.

Por que meditar?

Buda não ensinou muito sobre meditação. Ele ensinou principalmente sobre sofrimento. Mostrou como a mente fica confusa e fatigada buscando experiências agradáveis e fugindo das desagradáveis. Experiências agradáveis e desagradáveis, os prazeres e dores da vida de cada um não são o problema, ele explicou. É a perseguição e a fuga que criam tensão na mente. Essa tensão é o que Buda denominou de sofrimento.

Algumas pessoas, ao conhecerem os ensinamentos de Buda, entenderam-no tão completamente que puseram fim a todos os seus hábitos mentais de perseguir e fugir (que são chamados apego e aversão na linguagem formal dos livros sagrados budistas). Foram considerados *arahats* — seres plenamente iluminados. Para todas as outras pessoas, Buda ensinou práticas especiais.

A principal prática de meditação ensinada por Buda denomina-se *consciência plena*: a percepção tranqüila, sem apego e sem aversão, da experiência presente. Você poderia concebê-la como uma capacidade natural que, como qualquer outra habilidade, precisa ser desenvolvida. Um retiro proporciona uma oportunidade especial para praticá-la.

O manual de instruções que Buda escreveu para a prática da consciência plena é um sermão intitulado "Fundamentos da Consciência Plena". Renovo minha inspiração toda vez que leio o parágrafo inicial: "Este é o único modo [...] de superar o pesar e a lamentação, de destruir a dor e a tristeza". Essa é uma possibilidade *muito* excitante.

O restante do sermão consiste em instruções de Buda para as quatro formas de prestar atenção. Este manual, como o de Buda, incluirá esses quatro métodos, compondo basicamente uma prática de sentar-se com atenção e andar alerta.

A consciência plena é como as outras habilidades cuja facilidade e automatismo aumentam com a prática. Posso tricotar e pensar ao mesmo tempo, sem perder os pontos. Minha amiga Alta conseguia tricotar no cinema. No início da prática da meditação, você precisa *lembrar-se* de manter a mente presente. Após algum tempo, você não consegue esquecer.

Mas por que fazer um retiro para meditação?

Uma vez que a prática da consciência plena é um modo de estar no mundo e não uma técnica específica, que só pode ser praticada em determinadas ocasiões, estar em um retiro parece supérfluo. Se a presença alerta e equilibrada em nossa vida é o objetivo da prática, por que não praticar em meio à vida em vez de na reclusão?

Há uma boa razão. Evidentemente, a verdade está disponível a qualquer momento, e poderíamos despertar para a sabedoria e para a liberdade tanto no supermercado quanto sentada em uma almofada num retiro — mas o retiro é diferente. Não há distrações. Não há nada com que nos entretermos. Como não existe lugar para nos escondermos de nós mesmos, é boa a possibilidade de que, ao encerrar-se um retiro, passemos a nos conhecer melhor do que nos conhecíamos antes.

Mas o autoconhecimento é apenas o começo. A compreensão libertadora provém mais de ver como *as coisas* são do que como *nós* somos. Ver a verdade da causa e o fim do sofrimento começa a nos permitir viver mais livremente. Estar sozinho, sem distrações, cria condições ideais para começar a ver.

Minha motivação para fazer meu primeiro retiro para a prática da consciência plena foi o entusiasmo de meu marido. Ele retornou de seu período de prática de dez dias e disse: "Syl, isso é ótimo. Você deveria fazer". Alguns meses depois, lá estava eu descrevendo com entusiasmo minha experiência a um amigo, provavelmente enfatizando o rigoroso cronograma e o regime espartano. Esse aspecto não o impressionou. Ele reagiu à minha história comentando: "Não acredito que você tenha ficado sentada sozinha com sua mente por duas semanas!".

Nada maravilhoso ou dramático ocorreu-me durante meu primeiro retiro. Nenhum evento mental exótico aconteceu, tampouco

tive algum *insight* específico sobre alguma coisa. Na maior parte do tempo, lutei contra a confusão e a sonolência e tive dores no corpo. Foi difícil me concentrar. Eu não entendia direito o que significava *com a mente atenta*. Mas fui totalmente cativada pelos ensinamentos que ouvi sobre o sofrimento. Se, nesta vida e neste corpo, a paz de espírito era uma possibilidade, eu estava inteiramente disposta a estar sozinha com minha mente.

A programação deste livro foi planejada para um retiro de três dias. Ela pode ser ampliada para ajustar-se a um retiro mais longo. Repita o Segundo Dia para cada dia adicional de prática. Depois, siga o programa do Terceiro Dia, quando você for voltar para casa, mesmo que este seja o Sétimo Dia.

Independentemente da duração de seu retiro, a instrução final sempre será "Agora, vá para casa e continue com a mente atenta e presente para sempre".

Simplifique

Todas as atividades *complicadas* de um retiro para a prática da consciência plena ocorrem antes de o retiro começar. Se for sair de casa, você tem de providenciar um lugar para ficar. De preferência, um local tranqüilo, sem distrações, embora não precise ser remoto. Uma casa no campo seria maravilhoso, mas um hotel sossegado num bairro residencial também serviria. Além disso, existem centros de retiro e mosteiros por todo o país onde as pessoas podem conseguir praticar individualmente a meditação. Quem estiver no retiro pode escolher entre fazer as refeições junto com os residentes da comunidade ou ser servido separadamente. Em alguns centros, as pessoas em retiro ficam em chalés, cujas instalações permitem que elas mesmas preparem suas refeições.

Mesmo que vá apenas virar a esquina e hospedar-se numa casinha de fundos, no quintal de um amigo, você precisará tomar algumas providências, reservar seu espaço, talvez preparar-se, fazer a mala, mudar a mensagem de sua secretária eletrônica, pedir para alguém cuidar do gato — quaisquer que sejam suas responsabilidades pessoais, será preciso delegá-las. Se puder providenciar com antecedência para que suas refeições sejam entregues em intervalos programados, será ótimo. Se planejar prepará-las você mesmo, simplifique. Simplifique *tudo*. Manter a simplicidade dos fatores externos do retiro permite que as reações do coração e da mente venham à tona em detalhes mais nítidos.

Quanto menos complicamos nossa experiência exterior, mais sintonizados nos tornamos com nossa experiência interior. Suponhamos que você fosse ao teatro e, bem na hora em que se abrissem as cortinas, uma equipe de marceneiros armados de furadeira elétrica começasse a reformar os camarins atrás do palco enquanto um desfile de carnaval passava lá fora. Você teria dificuldade para se concentrar e a peça não seria compreendida.

Quando conseguimos observar detalhadamente nossa experiência, percebemos com clareza o pingue-pongue interno da mente enquanto ela vai registrando se gosta ou não de cada coisa. Até que o próprio jogo se torne claro, é impossível saber que existem alternativas para ele.

Paul Revere mandou gravar as palavras "Viva contente" na aliança de casamento que deu à esposa. Soa como uma instrução, não parece nada com o tipo de declaração geralmente associada a alianças de casamento, mas a meu ver é um presente *grandioso*. Eu gostaria que alguém me tivesse dito, muito antes de eu aprender isso com Buda, que viver contente é uma *escolha*.

Leve o mínimo de coisas

O mantra de Mary

A coisa *menos* problemática no preparo de um retiro para a prática da consciência plena é fazer a mala. Leve as coisas que você normalmente levaria para qualquer outro lugar — roupas para aquecer-se (ou para não passar calor), pente, escova de dentes, sabonete, creme dental — o equipamento mínimo de higiene pessoal. Não leve nenhum livro além deste. Deixe sua agenda em casa. Você não precisa de *walkman*. Para facilitar o acompanhamento dos horários, leve um cronômetro que tenha um alarme agradável. Você não precisa de mais nada.

Anos atrás, eu estava almoçando com minha amiga Mary. Daríamos aula juntas naquela tarde e, com nossa atitude costumeira de fazer tudo no último minuto, estávamos preparando a aula enquanto comíamos. Em certo momento, uma de nós percebeu que estava na hora de sair. Vestimos os agasalhos às pressas, juntamos os livros e papéis e disparamos para a porta.

"Espere um pouco!", falei, dando uma olhada para a pilha de material que eu carregava. "Acho que não tenho tudo de que preciso."

"Minha cara", replicou Mary em tom de autoridade absoluta, "você *nunca* terá tudo de que precisa!"

O mantra de Mary tem sido um grande apoio para mim ao longo de meus 25 anos de aulas. Eu o tenho repetido para mim mesma vezes sem conta, como uma das práticas de concentração e serenidade que executo antes de entrar em sala de aula. Eu *poderia* ter preparado mais, *poderia* ter pesquisado mais, *poderia* ter trazido mais material. Mas sempre dou a aula mesmo assim. Eu me viro com o que tenho.

É assim também com a vida. Sem dúvida, poderíamos ter estado mais bem preparados. Na maioria das vezes, nos viramos sem um manual de instruções. Na maioria das vezes, a vida é uma surpresa. Em geral, é o que acontece quando planejávamos algo bem diferente. Talvez seja o que *sempre* acontece quando estamos planejando qualquer coisa. Damos um jeito mesmo assim. Praticar a consciência plena é uma preparação para enfrentar as coisas com graça.

Portanto, leve o mínimo em sua mala. Há sempre *alguma coisa* que você poderia ter levado que teria realçado sua experiência: um agasalho mais quente, um dentifrício mais adocicado, uma almofada mais firme para meditação, um xale extra. Essa sensação é uma reação natural à verdade de que é difícil manter o corpo confortável. Deixado por conta própria, ele fica sem combustível. O corpo necessita de um certo grau contínuo de atenção para manter seu nível de conforto, e freqüentemente temos a idéia de que, se o deixássemos *um tantinho* mais confortável, ele se manteria assim por um pouco mais de tempo. Talvez, mas seria apenas por *um pouco* mais de tempo e, no longo prazo, estaríamos apenas retardando o verdadeiro trabalho da prática da consciência plena, que consiste em acomodar o coração à mudança.

A consciência plena propriamente dita é portátil e invisível.

Vá.

"É apenas um fim de semana"

Pense na consciência plena como "passar um tempo fora alegremente". Não espere uma mudança radical de estado mental — a menos que sentir-se feliz e tranqüilo seja radical para você. Provavelmente você ficará feliz e tranqüilo. Curar-se de feridas específicas do coração poderá *começar* a acontecer. Mas ter uma agenda de objetivos acrescenta uma complexidade desnecessária e não realista ao que deveria ser simples.

Recordo-me de, muitos anos atrás, no início de um fim de semana de prática de retiro, ter encontrado meu professor Jack Kornfield no corredor, durante a fase pré-retiro, de acomodação, na sexta-feira à tarde. Eu devia estar com uma expressão particularmente resoluta, pois depois de termos passado um pelo outro, Jack veio atrás de mim, deu-me um tapinha no ombro e disse-me: "Relaxe, Sylvia, é apenas um fim de semana".

Esse alerta não significa abandonar a esperança de que uma perspectiva benéfica, inclusive *profundamente* benéfica, poderia emergir durante um fim de semana. Uma nova visão, libertadora, pode surgir a qualquer momento, até mesmo agora. O alerta significa apenas "Não planeje nenhum resultado *específico*". Quem sabe que nova visão estará logo adiante? Estar alerta para algo específico pode não nos deixar ver algo realmente grandioso. A mente possui um talento incrível para cuidar de si mesma. A prática da consciência plena dá à mente o tempo e o espaço de que ela necessita.

PARTE 2

Primeiro Dia

O dia da chegada

Programação para este retiro

Primeiro dia: o dia da chegada

Fim da tarde: Chegar, desfazer as malas. Familiarizar-se com o local. Arrumar seu espaço para sentar-se — almofada ou poltrona. Encontrar espaços para andar em recinto fechado e ao ar livre, jantar.

Noite: Sentar-se — Reflexão sobre refúgios

Andar

Sentar-se — Instruções

Chá no fim da noite

Ir para a cama

Segundo dia: dia inteiro de prática

7 horas	Acordar, vestir-se, sentar-se até o desjejum
7h30	Desjejum
8h15	Sentar-se
9h15	Andar
10 horas	Sentar-se
11 horas	Andar
12 horas	Almoço
14 horas	Sentar-se
15 horas	Andar
16 horas	Sentar-se
16h30	Andar
17 horas	Jantar

18 horas	Palestra Interativa/Meditativa sobre o *Dharma*
19 horas	Andar
20 horas	Sentar-se
21 horas	Chá

Terceiro dia: o dia de voltar para casa

7 horas	Acordar, vestir-se, sentar-se até o desjejum
7h30	Desjejum
8h15	Sentar-se e refletir sobre preceitos
	Prática informal da bondade amorosa
	Prática formal da bondade amorosa

Tenho duas vozes interiores encorajadoras que me sustentam durante minha prática em retiros. Uma é minha voz de treinador no vestiário, no intervalo da partida, que me diz: "Vá em frente, Sylvia. Dê o máximo de si. Você *pode* fazer isso". A outra é a de minha avó, que me diz: "Você está indo bem. Não há possibilidade de você errar. Tome um chá".

A parte do "tome um chá" que existe em mim pensa em acrescentar ao programa algumas cláusulas amenizadoras: "Pelo tempo que você decidir..." ou "Se você tiver vontade..." ou "Se você quiser...".

Mas não creio que essa seja a tática mais proveitosa. Existe uma base racional por trás do programa. Ele tem funcionado para muitas pessoas. É bom começar com a intenção de manter-se o mais próximo possível da programação formal. Mas lembre-se: aconteça o que acontecer, você está indo bem. E se as coisas ficarem difíceis, tome um chá.

Desfazendo as malas

Quando os alunos chegam a um centro de meditação, normalmente passam algum tempo acomodando-se e ajustando-se ao ritmo do lugar antes de sentar-se para a meditação. Faça isso no seu local de retiro, demorando o quanto precisar. Senão, a prática de sentar-se começará com a consciência ainda ligada à estrada ou ao seu dia de trabalho. Diminuir o ritmo é em si uma prática.

Desfaça as malas ou ande pelos arredores e familiarize-se com o ambiente. Não se apresse em começar com a *verdadeira* prática. Esta *é* a verdadeira prática: Não se apressar, dar toda atenção a cada pequeno momento é, ao mesmo tempo, a técnica e o objetivo da prática.

Já vi adesivos em automóveis que dizem: "Eu preferiria estar velejando" ou "Eu preferiria estar jogando boliche". Às vezes acho divertido ler essas frases, pois elas indicam preferências, dão dicas sobre o motorista. Por outro lado, me fazem refletir sobre o fato de que preferir estar fazendo alguma outra coisa sempre deprecia o momento presente. Imagino-me abrindo um negócio de adesivos para automóveis com os dizeres: "Estou totalmente contente agora".

Cuide dos últimos preparativos. Faça uma coisa por vez. Desfaça as malas com alegria. Viva contente.

Reflexões do refúgio

Os retiros para a prática formal da consciência plena começam com a recitação dos votos formais do refúgio budista, que dizem:

Eu me refugio no Buda;
Eu me refugio no dharma;
Eu me refugio no sangha.

Sente-se em uma posição confortável. Relaxe. Feche os olhos. Pense em todas as circunstâncias que o levaram a esta prática e em todas as pessoas que lhe possibilitaram fazer esse retiro. Quando digo "Eu me refugio no Buda", penso: "Sinto-me bastante encorajada porque Sidarta Gautama, um ser humano exatamente como eu, concebeu um modo de viver exatamente esta vida, na qual a dor e a perda são inevitáveis, sem sofrimento. Ele despertou; eu também posso. Ele se libertou. Eu também posso". Esse pensamento me inspira.

Quando digo: "Eu me refugio no *dharma*", penso: "Fico muito feliz por Buda ter ensinado *técnicas* para o despertar e por ter falado repetidamente sobre elas às pessoas, que as transmitiram por gerações até que alguém as registrasse por escrito para que eu pudesse lê-las agora". Assim, não sou obrigada a reinventar a roda. Uso como guia um produto testado durante 25 séculos.

Quando digo: "Eu me refugio no *sangha*", penso em minha família, que sempre apoiou minha prática de meditação, em casa ou fora dela, e em meus amigos, que me animam. Mesmo quando faço um retiro individual, nunca me sinto sozinha. Gosto de visualizar as pessoas próximas e distantes, pois imagino que elas estejam me apoiando enquanto me dedico à prática, e fico muito feliz por dedicar minha prática a seu bem-estar tanto quanto ao meu próprio.

Se a prática pode ser realizada em benefício de todas as criaturas que conheço, esse é um pequeno passo (e muito estimulante) para supor, como supõem os budistas, que nos dedicamos à prática para o bem de todos os seres de todas as partes. Um modo clássico de começar ou terminar um período de prática é dizer:

Que eu tenha paz;
Que eu seja feliz;
Que todos os seres tenham paz;
Que todos os seres sejam felizes.

Caminhando com olhos virgens

Faça uma caminhada, ao ar livre ou em recinto fechado, o que lhe parecer melhor, seguindo uma rota que a leve a algum lugar, mas que não seja dirigida. Em outras palavras, não decida de antemão quando você deverá começar a retornar. Desse modo, a caminhada poderá ser uma surpresa reveladora. Veja tudo com olhos virgens.

Suzuki Roshi, um maravilhoso professor Zen japonês, que fundou o San Francisco Zen Center, definiu "mente de principiante" como a capacidade mental que consegue vivenciar cada momento como algo inteiramente novo. Ele disse que esse elemento de interesse expectante predispõe a mente ao entendimento. A meu ver, Suzuki queria dizer que nossa visão é limitada quando nos habituamos a ver a vida de certa maneira, e essa visão limitada é o que mantém a verdade escondida de nós. Ele instigava as pessoas que faziam meditação a vivenciar cada sessão de prática com a avidez e a esperança que caracterizaram sua primeira sessão.

Recordo-me de Frederick Spiegelberg, quando era professor emérito do departamento de religião de Stanford, descrevendo seu primeiro sinal de despertar religioso. "Eu era menino", ele disse, "talvez tivesse três ou quatro anos, e estava com minha mãe em nosso apartamento no centro de Frankfurt. Estávamos olhando pela janela, vendo a rua lá embaixo — morávamos no segundo andar — com árvores, pessoas, bondes e lojas. O rosto de minha mãe subitamente ficou pensativo, assombrado, e ela disse para si mesma, bem baixinho e gravemente: *'Was gibt das alles?'* [O que significa tudo isso?]."

No mínimo, oitenta anos haviam se passado desde o momento em que a mãe do professor Spiegelberg vira com tanto assombro uma cena comum, observada milhares de vezes antes, mas, quando ele a descreveu, parecia que, para ele, aquilo acontecera ontem. Pensei em sua longa e eminente carreira como filósofo religioso e fiquei imaginando quanto dela teria dependido daquele instante em que ele compartilhara com a mãe aquele momento de visão clara.

Robert Louis Stevenson escreveu:

O mundo é tão repleto de tantas coisas que,
com certeza, deveríamos ser felizes como reis.

Os bebês se interessam por tudo. As crianças de um ou dois anos de idade adoram brinquedos coloridos, mas também adoram bater em tampas de panelas com a colher de pau e despejar no chão o conteúdo da carteira da mãe. Quando Collin, aos cinco anos de idade, foi comigo ao Estádio de Oakland para assistir pela primeira vez a um jogo de beisebol profissional, interessou-se tanto pelos pneus atolados nos lamaçais da baía e pelos altos edifícios de El Cerrito no caminho do estádio quanto pelo jogo. Ele estava vendo tudo com olhos virgens.

Um retiro para meditação é uma oportunidade de ver *tudo* com olhos virgens. Na prática da consciência plena, uma vez que não *acrescentamos* coisa alguma, que todo o território da prática é a interação da mente com o que quer que cada momento traga, há possibilidade de fascinar-se com novidades. Novidades são divertidas, mas logo deixam de ser novidades. O que estamos almejando desenvolver é uma mente que seja fascinada pela *vida*.

Vá caminhar agora. Ande pelo tempo que quiser, dependendo de sua energia. Amanhã acrescentarei instruções formais para a caminhada que o farão concentrar-se em suas sensações corporais à medida que se movimenta. Por ora concentre sua atenção em seu novo ambiente. Caminhe com a "mente de principiante". Veja tudo com olhos virgens.

Instruções e dicas úteis

Fiz meu primeiro retiro para prática da consciência plena aos quarenta anos de idade e me senti constrangida por ser a pessoa mais velha. Muitos dos outros meditadores tinham acabado de retornar da Ásia. Comiam salada com pauzinhos e eram claramente mais "avançados" do que eu. A maioria de meus atuais colegas professores já meditava em mosteiros asiáticos enquanto eu lia *Good Housekeeping* e *Ladies' Home Journal* em Topeka, Kansas.

Quando comecei a ensinar a prática da consciência plena, fiz um esforço deliberado para não assumir um tom que lembrasse o das seções de "Dicas úteis" das revistas femininas que eu lia, muito embora eu *pense* nesse estilo:

"Se cair suco de uva na toalha de mesa, passe vinagre imediatamente e lave em seguida em água fria."

"Se os dramas consternadores de sua vida não param de interferir em sua concentração na hora de meditar, escolha um objeto de meditação único e simples, como sua respiração, e se concentre apenas nele."

"Se você está *tão* concentrado em um único objeto simples, como sua respiração, que se sente sonolento e com a mente enevoada, concentre-se em seu corpo *inteiro* e na *variedade* de sensações físicas interessantes, para que sua atenção permaneça alerta."

Dicas *são* úteis. Certa vez, quando minha professora Sharon Salzberg estava me dando algumas instruções do tipo: "Faça mais disto" ou "Faça menos daquilo", comentei: "Parece que estou constantemente tentando ajustar minha mente".

"*Tudo é* ajustar", ela replicou.

Pense em sua tarefa em termos de fazer ajustes a fim de obter um equilíbrio de vigilância e domínio de si que forneça a base a partir da qual o *insight* e a sabedoria se desenvolvam. As instruções, dicas e técnicas são as *ferramentas* da prática — não a prática propriamente dita. Quando me perguntam qual é meu caminho espiritual, respondo que estou praticando ser sábia e compassiva. Quando me perguntam "Como?", dou dicas úteis.

Instruções para a prática da meditação na posição sentada

Escolha uma posição sentada que seja confortável para você. Pode sentar-se em uma poltrona, no chão sobre uma almofada ou em qualquer outro lugar em que você possa ficar e ainda assim permanecer alerta. Algumas pessoas costumam meditar sentadas na cama, apoiadas em travesseiros. Encontre uma posição adequada para seu corpo.

Assim que você estiver bem na postura escolhida, use um tempinho para *apenas* acomodar-se. Eu costumo sentar-me aprumada, com a coluna ereta, mas depois permito que meu corpo se ajuste com naturalidade. Imagino meu corpo pendurado na forma de meu esqueleto, de um modo bem parecido com o de um casaco de lã macio, pendurado em um cabide rijo no guarda-roupa.

Deixe que seus olhos captem a cena ao seu redor e depois feche-os suavemente. Se puder, sorria. Isso ajuda a mente a relaxar. Depois, simplesmente fique sentado. Não *faça* coisa alguma. Os sons virão e irão. Os pensamentos virão e irão. Você pode sentir onde seu corpo está sem vê-lo, porque as sensações de formigamento, pressão, vibrações e pulsações entram e saem de sua percepção. Buda denominou de "Primeiro Domínio" todas as sensações físicas do corpo ou o primeiro reino para desenvolver a consciência plena. Nas instruções de "Fundamentos da Consciência Plena" ele sugeriu usar as sensações do corpo como a melhor arena para iniciar a prática.

Em pouco tempo, se você apenas permanecer sentado, a consciência de sua própria respiração surgirá. Ela pode ocorrer como ondas de movimentos que se alternam em seu abdome, ou como pressões alternadas ao redor de seu tórax, ou ainda como minúsculas tremulações dentro de suas narinas e em volta delas. Você também pode notá-la como o eco de sensações por todo o seu corpo cada vez que o ar entra e sai. Qualquer que seja o local onde a percebe, independentemente da forma com que a respiração se apresentar a você, fique exatamente onde estiver. Deixe que sua atenção se detenha no movimento da respiração. Quando sua atenção se desviar — e isso certamente vai ocorrer! —, traga-a de volta à sua respiração e fique aí.

Decida antes de sentar-se por quanto tempo ficará sentado. Trinta minutos é bom para começar.

Comece agora.

Questão

> *Estou confuso! Pensei que você tivesse dito que a meditação da consciência plena era uma prática para atingir a consciência geral. Pensei que fosse para prestar atenção a tudo. Agora você me diz que devo ficar só na respiração. Você não se contradisse?*

Essa é uma grande pergunta! Certamente, *parece* que eu me contradisse. A consciência plena, de fato, é o reconhecimento, alerta, de momento a momento, com autodomínio de *toda* experiência e muitas coisas estão sempre acontecendo. Os pensamentos prosseguem continuamente. As sensações físicas — todas as variedades: pulsar, latejar, formigar — tornam-se freneticamente perceptíveis e, então, desaparecem. Estados de espírito e emoções são continuamente empurrados para dentro e para fora da mente. A capacidade da avaliação funciona como o tic-tac de um relógio — "agradável"... "desagradável"... "gosto desta experiência"... "não gosto daquela" — a cada nova sensação, não importa se grande ou pequena. A experiência é *muito* complexa, mesmo quando estamos sentados quietos, imóveis, com os olhos fechados.

É por isso que começamos nos detendo à respiração. Você pode querer considerar a prática de tentar reter a atenção exclusivamente na respiração como "Consciência plena corretiva" no caminho para a "Consciência plena regular". Pense nela como um exercício de aquecimento. O que você está tentando fazer é condicionar a mente a ser capaz de manter-se calma e clara com o que quer que as experiências tragam. Se você quisesse fazer malabarismo com oito pinos de boliche em chamas, como os azes do malabarismo, praticaria por longo tempo com os pinos antes de atear-lhes fogo. E provavelmente começaria com apenas dois. É por isso que começamos só com a respiração.

As instruções mais fáceis de todas

Recebi as instruções mais diretas, para a prática da meditação na posição sentada, de Ajahn Amaro, um monge budista que ensina a consciência plena. Ele disse: "Deixe que o corpo se acomode naturalmente. Deixe que a mente assuma sua comodidade natural. Agora, simplesmente fique alerta para qualquer coisa que surja e perturbe essa comodidade natural".

Porém, as instruções mais diretas para a prática da percepção da respiração recebi de Shirley, a radiologista que fazia minhas mamografias. Eu contei a ela que era professora de meditação.

"Eu acredito em meditação", disse Shirley. "Tenho meditado há vinte anos, religiosamente, todos os dias."

"O que você faz?", perguntei.

"Presto atenção à minha respiração", ela respondeu. "Levanto-me toda manhã, embrulho-me num acolchoado e me sento no sofá por meia hora. Fecho os olhos e sinto minha respiração entrar e sair. É só isso. Às vezes tenho dificuldade para dormir à noite, mas mesmo quando isso acontece, aquela meia hora pela manhã me revigora completamente."

"Você faz isso todo dia?", indaguei.

"Ah, sim", ela respondeu. "A menos que acorde tarde demais e minha família já esteja de pé e fazendo barulho. Nesse caso, faço ioga."

Quem precisa de instruções complicadas?

O chá da noite

Inseri o chá da noite na programação porque ele é tradicional em retiros de meditação de consciência plena. É apenas chá. Se você gosta de chá, prepare um agora e beba-o devagar. Aprecie o aroma. Sinta o calor da xícara em suas mãos. Demore quanto quiser. Mesmo que não esteja tomando chá, use esse tempo, como usaria qualquer outro, para cultivar a atenção calma e concentrada. Sente-se quieto. Tente manter a atenção na experiência do momento. Esteja alerta para a tendência da mente a olhar para a frente, para o que acontecerá em seguida.

Quando estiver ansioso para saber o que acontecerá em seguida, vire a página.

"Nada acontece em seguida. É isso!"

Alguns anos atrás vi uma charge de Gahan Wilson nos quadros de aviso de centros de meditação. Uma figura sentada, usando o que parecia uma túnica de monge, sussurrava à pessoa ao seu lado: *"Nada acontece em seguida. É isso!"*.

Suponho que a charge destinava-se a zombar delicadamente da meditação, talvez sugerindo que ela não leva a nada. Mas, a meu ver, a grande verdade é que "Nada acontece *em seguida*". Agora é a única coisa que está acontecendo. O agora, quando está *claro*, é controlável.

Em minha escrivaninha tenho um daqueles globos de vidro cheios de líquido com "flocos de neve" que redemoinham numa tempestade de neve quando o sacudimos e depois assentam no fundo quando o deixamos imóvel. Quando a "neve" pára de cair, um solitário boneco de neve olha-me através do vidro. Durante a "tempestade", mal posso enxergá-lo. Não tenho um altar, e não penso em meu globo *exatamente* como um ícone religioso, mas se tivesse um, provavelmente colocaria meu boneco de neve no centro.

Talvez algum dia eu ponha um letreiro na frente do boneco de neve, dizendo: "Espere! As coisas ficarão mais claras!". Esta seria uma declaração de minha fé — não a fé complicada, não a fé cosmológica, mas a do tipo corriqueiro, a fé do conhecimento comum na tendência da mente para, como o globo do boneco de neve, acomodar-se se você o deixar em paz.

Acomodar-se era o seu objetivo de hoje. Amanhã é um dia completo de prática formal da consciência plena. Agora é hora de ir para a cama.

PARTE 3

Segundo Dia

Um dia inteiro de prática

Antes do desjejum

Meditação sobre os sons

Um método específico de praticar a consciência plena para as sensações do corpo é concentrar sua atenção em sons. Os sons, como tudo o mais, surgem e desaparecem. Simplesmente ouvindo você pode ter o *insight* da impermanência, uma compreensão que Buda ensinou ser crucial para o desenvolvimento da sabedoria.

O amanhecer é excelente para ouvir. Os sons começam a insinuar-se na quietude. Em um ambiente rural, ouvem-se os sons de pássaros e dos animais acordando. Na cidade, começam os sons de ações do lado de fora — da coleta do lixo, da construção civil, do trânsito. Mesmo no ar rarefeito de um quarto de hotel, no topo de um arranha-céu, sons do encanamento, do elevador e das passadas no corredor ganham ritmo.

Sente-se numa posição em que você possa estar relaxado e alerta. Feche os olhos. A quietude de sua posição e a ausência de estímulos visuais intensificam a consciência auditiva. As pessoas às vezes se surpreendem com *quanta* consciência sensorial se perde no embaralhamento da atenção desviada.

Depois de seu corpo estar confortavelmente acomodado, simplesmente ouça. Não procure os sons; espere por eles. Você pode pensar na diferença entre um radar que se põe *à procura* de alguma coisa e uma antena parabólica com ampla faixa de captação, que apenas fica imóvel no quintal, esperando. Seja uma antena parabólica. Mantenha-se sintonizado, mas apenas espere.

A princípio, é provável que você se veja dando nome aos sons: "batida de porta... elevador... passos... pássaro... avião...". Às vezes, nomeará o tom do sentimento que acompanha a experiência: "pássaro... agradável... furadeira... desagradável... riso... agradável". Após algum tempo, você talvez descubra que o impulso para dar nomes relaxa. O que permanece é a consciência da presença ou da ausência de sons: "ouvindo... não ouvindo... som surgindo... som desaparecendo... agradável... desagradável".

Pense em sua meditação auditiva, agora, como um exercício para despertar sua atenção. Independentemente de como acontecer — com nomes, sem nomes, com ou sem percepção do tom do sentimento —, simplesmente deixe acontecer. Não tente realizar coisa alguma. Simplesmente ouça.

Desjejum

Em nossa vida cotidiana, com freqüência tomamos o desjejum *enquanto* fazemos alguma outra coisa ou estamos *em vias* de fazer alguma outra coisa. Esta manhã, apenas tome o desjejum. Sempre que *apenas* sentamos, *apenas* andamos ou *apenas* comemos, a mente se acalma.

Esteja alerta para a tendência da mente em ocupar-se, olhando ao redor em busca de coisas para observar ou pensar enquanto você come. É só um hábito. Cada vez que você nota isso, diminui a tendência de voltar a acontecer. Quanto mais atenção você der à experiência direta de comer, mas interessante ela se tornará.

Agora, coma devagar e saboreie o momento.

Três exercícios para a meditação na posição sentada

Exercício 1

As instruções básicas para a meditação da consciência plena geralmente sugerem que você comece se concentrando no fenômeno da respiração. Podemos praticar a consciência plena prestando atenção serena e concentrada em qualquer coisa, mas começamos com a respiração porque ela é conveniente e regular. Pensamentos, sentimentos, estados de ânimo e percepções vêm e vão. Mas a respiração está sempre ocorrendo.

Respirar tranqüiliza. Geralmente é simples. Sensações físicas podem ser agradáveis ou desagradáveis. Pensamentos podem ser cativantes, seduzindo a mente a enveredar por histórias. A respiração, trivial como é, acalma. Além disso, seu padrão ritmicamente alternado de surgir e desaparecer é uma apresentação contínua da verdade da impermanência.

Você pode prestar atenção à respiração, sentindo-a em todas as partes de seu corpo. Enquanto está sentado quieto, sinta as sutis vibrações e os ecos de sua respiração. Tente sentir a respiração em seu abdômen, distendendo-se e encolhendo-se, conforme o diafragma sobe e desce. Talvez você perceba as sensações da respiração ao redor da caixa torácica enquanto inspira e expira, e talvez sinta as ligeiras pressões ao longo das laterais internas de seu braço. Ou, ainda, mais destacadamente, ao redor de suas narinas como sutis tremulações quando o ar entra e sai. Às vezes, quando a temperatura lá fora está notavelmente mais baixa do que a do seu corpo, você pode sentir a diferença na temperatura do ar quando ele entra e sai de seu corpo. Se prestar muita atenção, talvez consiga sentir a pressão da respiração em seu lábio superior quando você expira.

Sente-se por vinte minutos. Detenha a atenção onde quer que você sinta mais nitidamente a respiração. Sempre que descobrir que sua atenção se desviou para alguma outra coisa, retorne à respiração. Deixe que tudo o mais desapareça no fundo de sua mente.

Questão

Minha respiração é a coisa menos interessante
que acontece. Posso torná-la interessante?
O restante pode realmente ficar em segundo plano?

Pode! Encontrar algo especial para notar sobre a respiração permitirá que a ação do segundo plano desapareça. Percebi esse fenômeno no balé, antes de descobrir Buda. Quando minha filha Emily dançava nos papéis infantis do *Quebra-Nozes*, imaginei que talvez eu fosse a mãe recordista de comparecimento às apresentações. Provavelmente, não era. As mães de todos os outros bailarinos tinham uma sensação igual à minha. Trinta ou quarenta lindas crianças dançavam no palco, faziam reverência e cumprimentavam no minueto, diziam "oh!" e "ah!" diante da árvore e aplaudiam o urso dançante. Na maior parte do tempo, eu só via uma pessoa. Às vezes, durante uma apresentação, meus olhos se desviavam de Emily e eu notava que havia outras coisas acontecendo. Mas quando me concentrava nela, tudo o mais desaparecia.

Não era só a beleza de Emily que me cativava. Ela de fato ficava lindíssima de maquiagem, penteado elaborado e vestido de festa brilhante. Mas todas as outras meninas também ficavam. Além disso, eu tinha a mesma sensação quando ela formava apenas um dos oito pares de pernas com meias pretas aparecendo debaixo do dragão chinês. Sem conhecer a ordem da fila, eu sabia quais eram as pernas dela, e era para elas que eu olhava. Eram apenas pernas de meias pretas, mas meu interesse as tornava extraordinárias, e o segundo plano desaparecia.

Exercício 2

Eis um modo de tornar sua respiração mais interessante e ajudá-lo a mantê-la em destaque em sua experiência. Sente-se novamente e repare que, mesmo em sua regularidade, a respiração passa por mudanças sutis.

As sensações que acompanham a inspiração são um tanto diferentes da expiração. Quando você relaxar e permitir que a respiração aconteça por conta própria, conseguirá aguçar sua atenção, verificando quão interessante e complexo é o simples ato de respirar. É muito mais fascinante do que você imaginou. Sua respiração parece desacelerar ligeiramente. Isso é normal. Ela pode desacelerar porque você está sentado imóvel e, provavelmente, está ficando um pouquinho mais calmo. Às vezes as pessoas receiam que sua respiração desacelere ou enfraqueça *tanto* que acabe desaparecendo por completo. Isso nunca acontece.

Feche os olhos. Detenha-se na regularidade da respiração e note suas mudanças constantes, sutis. Sente-se por vinte minutos.

Questão

Você disse que a respiração está sempre
presente, mas começo a notar que há
intervalos entre inspirações e expirações.

Fico muito feliz por você ter notado. Isso provavelmente significa que você relaxou e está prestando atenção. Respirar é uma função contínua, mas nem sempre perceptível. O ar entra e sai e existe um intervalo. Veja se você consegue, enquanto estiver sentado, deter-se nesse espaço. Em textos clássicos, esse espaço chama-se "respiração ainda-não-presente". Não se apresse para chegar à próxima inspiração — ela surgirá por conta própria, sempre que estiver pronta. Há uma sensação de descontração que provém de deixar que a respiração simplesmente aconteça. Depois de algum tempo, talvez você descubra que não só existe um intervalo entre a respiração como um todo, mas também entre a inspiração e a expiração. De fato, a inspiração não se *torna* a expiração. A inspiração, se você observar atentamente, é uma experiência distinta e completa. Ela começa, tem meio e fim. Então, há um pequeno intervalo. Depois do intervalo, a expiração surge nova, ocorre um auge e ela desaparece por completo. Agora que você está começando a perceber os intervalos, a respiração se tornará ainda mais interessante.

Exercício 3

Detenha-se na respiração que surgiu e na que ainda não surgiu. Sente-se por vinte minutos.

Questão

*Disseram-me que as pessoas que estão fazendo
meditação da consciência plena não devem
escrever em seus diários. É verdade?*

Sim, é verdade. Diários são ótimos, mas enquanto você escreve, e faz a crônica da história, está perdendo o que acontece agora. A meditação da consciência plena é uma prática de prestar atenção ao agora.

Debbie, na aula de meditação de quarta-feira, falou-nos a respeito de sua mãe, de 86 anos, que vive numa casa de repouso. Os residentes passavam o tempo recordando suas vidas, especialmente as coisas extraordinárias que haviam feito. Debbie comentou: "Minha mãe teve uma vida muito rica. Poderia contar muitas histórias, mas não conta. De vez em quando, ela fala alto, interrompe todas as conversas e diz: 'Escutem, o que passou, *passou!*'".

Questão

*E se eu tiver uma idéia maravilhosa?
Não devo anotá-la?*

Se ela realmente for maravilhosa, você se lembrará dela.

Questão

Mas e se for uma idéia sensacional?

Se for uma idéia sensacional, anote. Mas seja breve.

54

Conversando consigo mesmo

No sermão "Fundamentos da Consciência Plena", as instruções de Buda para prestar atenção fazem parecer que as pessoas que meditam devem andar falando consigo mesmas. O sermão incentiva-as a observar: "Inspiro longamente", "Expiro longamente", "Estou sentado" ou "Estou deitado". No texto, as frases de reconhecimento estão entre aspas, portanto, parecem ser um comentário interno constante.

Muitos professores de consciência plena sugerem essa técnica específica de "anotação mental" como prática. Como também a julgo útil, freqüentemente a recomendo. A anotação mental *é* mais ou menos um comentário constante sobre a experiência presente, mas tem certas características especiais.

Em primeiro lugar, ela não é barulhenta. É uma rotulagem silenciosa da situação presente. O rótulo "Estou sentado" ou mesmo apenas "sentado" é uma confirmação taquigráfica de "Estou ciente de uma variedade de sensações físicas que me fazem saber que estou sentado. Eu me *sinto* sentado".

A segunda característica importante da anotação mental é que, embora ela se destine a ser *contínua,* não precisa ser constante. Ela não é uma conversa. Uma anotação mental de "Estou sentado" deveria bastar, contanto que a percepção se detivesse serenamente nas sensações de estar sentado. Se a experiência da consciência plena em posição sentada vier a proporcionar um grande prazer que ocupe a mente, uma anotação de "Eu me sinto feliz" ou "êxtase" é suficiente.

"Por que eu deveria dizer a mim mesmo o que está acontecendo?", os alunos perguntam muitas vezes. *"Obviamente* eu sei o que está acontecendo. Afinal, está acontecendo comigo. Eu me sinto um tolo catalogando minha experiência. Que benefício isso traz?"

A anotação mental, explico, tem pelo menos dois benefícios. Mantém a atenção concentrada e oferece possibilidades a cada momento para a percepção direta da temporalidade. Suponha que minhas anotações mentais de minha experiência sejam "sentado... pressão... mais pressão... formigamento... êxtase... felicidade". Momentos contínuos de percepção, domínio de si cumulativo e cada vez mais profundo fornecem o contexto para o *insight* de que a experiência está em constante mudança.

Evidentemente, essas anotações específicas são apenas exemplos. Buda ensinou que prestar atenção, em qualquer circunstância — sentado, em pé, deitado, movendo-se —, é o veículo para desenvolver a compreensão. Quais são as anotações *específicas* não importa; o fato de elas mudarem, *sim*.

Continue agora sua prática, usando as instruções a seguir para a meditação formal andando. Tente anotar mentalmente, como uma ajuda para manter a atenção concentrada e alerta. Não é preciso nomear exaustivamente os acontecimentos. Isso faria de você mais um frenético organizador de listas do que um meditador sereno. Contaram-me que Buda afirmou haver 17 milhões de momentos mentais em cada experiência. Nem tente acompanhar.

Instruções básicas para a
meditação formal andando

Escolha um lugar reservado e simples no qual você possa andar de um lado para o outro — onde o caminho tenha de três a seis metros de comprimento. Se for andar ao ar livre, escolha um local isolado para não se sentir constrangido. Se andar em ambiente fechado, encontre uma parte sem mobília no seu quarto ou num corredor vazio. Assim poderá dedicar toda a sua atenção às sensações em seus pés enquanto anda.

Tenha em mente que essa é uma prática cujo objetivo é a atenção e a tranqüilidade, e não especialmente uma prática de andar. Não é preciso que você ande de algum modo incomum, nem um equilíbrio ou graciosidade especial. É andar, simplesmente. Talvez num ritmo mais lento do que o normal, mas, em outros aspectos, muito comum.

Comece seu período de prática ficando em pé, parado por alguns minutos, num dos extremos do caminho que irá percorrer. Feche os olhos. Sinta todo o seu corpo em pé. Algumas pessoas começam concentrando a atenção no alto da cabeça, depois deslocam-na ao longo do corpo, passando pelo resto da cabeça, ombros, braços, costas e pernas e terminam com as sensações nos pés, que estão ligados à terra. Permita que sua atenção se detenha às sensações das solas dos pés. Provavelmente, serão sensações de pressão nos pés e talvez a de "macio" ou "duro", dependendo de onde você estiver pisando.

Comece a andar para a frente. Mantenha os olhos abertos para não perder o equilíbrio. Com freqüência, começo a andar em um ritmo de passeio e espero que o alcance limitado do caminho e a regularidade repetitiva naturalmente acomodem meu corpo a um ritmo mais lento. A diminuição do ritmo ocorre por si mesma. Acho que isso acontece porque a mente, com menos estímulos para processar, muda para uma marcha mais lenta. Provavelmente o impulso da sofreguidão, sempre alerta para algo novo com que se ocupar, rende-se quando percebe que você está realmente decidido a não ir a lugar algum.

Quando você anda em ritmo de passeio, a visão é panorâmica e descritiva. Quando o andar desacelera, a visão é mais localizada e subjetiva. Se pudéssemos ver informações escritas, como legendas de um filme, sobre as anotações mentais que acompanham a caminhada, elas talvez se parecessem com isto:

Ritmo de passeio: "Passo... passo... passo... passo... braços movendo-se... cabeça movendo-se... sorrindo... olhando... parando... virando... pássaro gorjeando... pisando... pisando... tentando adivinhar que horas são... pensando que isto é chato... pisando... pisando... balançando os braços... sentindo calor... sentindo frio... que bom que estou na sombra... decidindo permanecer na sombra... sorrindo... pisando...".

Ritmo mais lento: "Pressão nos pés... pressão... pressão desaparecendo... pressão reaparecendo... pressão se alternando... leveza... peso... leveza... peso... leveza... Ei! Agora entendi! Agora finalmente estou *presente!*... Epa, me distraí... Começar de novo... Pressão nos pés... pressão se alternando... leveza... peso... leveza... peso... leveza... ouvindo... calor... frio...".

Devagar não é melhor do que depressa. É apenas diferente. Tudo muda, independentemente do ritmo do passo; a experiência direta da temporalidade pode ocorrer tanto quando você está andando em ritmo acelerado quanto caminhando deliberadamente e devagar. O guia de limite de velocidade para praticar a consciência plena andando é selecionar a velocidade na qual você tem maior probabilidade de manter a atenção. Escolha a marcha de acordo com sua necessidade.

Agora, tente um período de meditação andando. Comece com trinta minutos. Se você tiver um cronômetro, com um alarme agradável, ajuste-o e comece. Se quiser, use um despertador como cronômetro. Enquanto anda, note quantas vezes surge o impulso de olhar para o relógio. Não faça isso. Apenas ande. Desse modo, além do autodomínio e da atenção, você começa a praticar a renúncia, um fator fundamental do despertar.

Variação no tema da meditação da respiração

Sente-se e sinta todo o seu corpo. Você descobrirá que é capaz de saber onde seu corpo está sem olhar para ele. O *feedback* cinestésico de seu corpo — inúmeras sensações minúsculas — informa-o onde seu corpo se encontra e em que postura. Você sabe se suas pernas estão cruzadas e onde estão suas mãos, sem precisar olhar.

Sinta todo o seu corpo. Se quiser, deixe que sua atenção se desloque do topo da cabeça, passando pelo rosto, pescoço, ombros, descendo pelas costas, braços e pelve. Sinta-se sentado. Você sabe que está sentado porque há pressão em suas nádegas. Sinta as pernas, os joelhos, a barriga das pernas, os tornozelos e os pés. Veja se consegue manter sua atenção na sensação de seu corpo inteiro ao mesmo tempo. Sinta-se inteiro, em sua postura sentada. Eis seu corpo inteiro sentado no chão, em uma poltrona, na grama, na cama, onde quer que ele esteja. Sinta *todo* o seu corpo. Ele lhe permite saber onde está por meio de muitas, muitas sensações.

Enquanto está sentado, aqueles eventos especiais associados especificamente às idas e vindas da respiração tendem a se destacar. Veja se consegue manter, simultaneamente, a percepção global de todas as sensações corporais, e também a específica da respiração surgindo e desaparecendo. Desse modo, o corpo torna-se a estrutura, que é o contexto para o surgimento e o desaparecimento da respiração.

A regularidade e a previsibilidade da respiração favorecem o autodomínio da mente. A perspectiva ampla das alternâncias de inspirações e expirações no interior do corpo fornece um exemplo imediato do fenômeno do surgimento e desaparecimento — o fenômeno que é uma realidade em todos os aspectos da experiência, um *insight* básico para toda esta prática.

Agora, feche os olhos. Sinta seu corpo inteiro, sinta a respiração surgindo e desaparecendo no contexto do corpo, e, talvez, para ajudar a manter-se concentrado e ter domínio da atenção com essa experiência, faça estas pequenas anotações mentais: "respiração surgindo, respiração desaparecendo; respiração surgindo, respiração desaparecendo...". Tente meditar sentado por vinte minutos.

Questão

*Tento relaxar e concentrar-me na respiração,
mas não consigo parar de pensar em um
problema específico que estou enfrentando em
minha vida. Talvez eu devesse só procurar refletir
para resolvê-lo, especialmente agora que tenho tempo...*

Com freqüência, as pessoas vêm para retiros de meditação e decidem: "Agora tenho tempo livre — refletirei e resolverei tudo". Isso em geral não funciona. Se refletir sobre o problema resolvesse, teria funcionado antes. Quando as soluções emergem durante a meditação, em geral aparecem como revelações e não como resultado de reflexão.

Mesmo sem planejamento antecipado, as dez mais de nossa parada de sucessos psicológica-emocional têm o costume de invadir a mente sempre que aparece uma brecha nas nuvens. Assim que o espaço permite, a mente rumina sobre lembranças ou reflete sobre o futuro — quase sempre com remorso ou apreensão.

Digamos que você tenha alugado uma fita de vídeo, colocou-a no videocassete e sentou-se para assisti-la. Dez minutos depois, você percebe que já viu essa fita. Talvez até mesmo a tenha visto duas vezes. Provavelmente, você apertaria o botão EJECT, deixaria a fita perto da porta para não esquecer de devolvê-la e leria um livro em vez de assisti-la outra vez.

Suponha que você tenha alugado uma fita de vídeo e, depois dos primeiros dez minutos, descubra que não são só os dez primeiros minutos de *trailer*, mas que a fita inteira se compõe apenas de *trailer*. Isso seria tedioso e insatisfatório. Com certeza, pararia a fita e faria alguma outra coisa.

Nós nos esquecemos que temos um botão EJECT para histórias da mente. Ruminamos, nos arrependemos, refletimos e reprisamos interminavelmente. Com grande probabilidade, passamos pelo Agora apenas brevemente, no caminho entre Ruminar e Reprisar, mal parando para relaxar. Quando paramos no Agora, as coisas tornam-se claras. Fazemos o que precisamos, ou o melhor, o que *podemos* fazer, e seguimos em frente. Histórias do passado são história. Histórias do futuro são ficção científica. Às vezes precisamos planejar, porém não tanto quanto julgamos ser preciso. Além do mais, os planos têm uma forte tendência a mudança.

Preste atenção, enquanto pratica, em como as histórias começam a reprisar-se na mente, nos mais estranhos momentos, como um televisor caprichoso que se ligasse sozinho conforme lhe desse na telha. Lá está você, talvez, sentado à vontade, concentrando-se nos movimentos da respiração, ou andando, sentindo seus pés e, de repente, sem mais nem menos, aparece a história do "Meu relacionamento fracassado" ou do "Como é que conseguirei deixar esse emprego que realmente não foi feito para mim?". Você de fato precisa saber por que o relacionamento fracassou para poder evitar passar por isso novamente, e se o seu emprego é inadequado, e você pode arranjar outro, você precisa planejar. Mas não *agora*.

Eis uma instrução. Se perceber que a história está prestes a começar, diga a ela e a si mesmo "Agora não". Às vezes, isso já basta. Você não está negando — cuidará disso em outra ocasião, mas não agora. Agora você está ocupado cultivando o autodomínio. Diga a si mesmo que o próprio autodomínio talvez forneça uma nova perspectiva a partir da qual uma solução possa emergir espontaneamente.

Às vezes uma rejeição branda não basta. A história permanece. Como técnica de apoio, reconheço a presença da história, dou-lhe nome e a catalogo, depois prometo a mim mesmo: "No carro, no caminho de volta para casa, pensarei nessa história durante horas! Mas agora não".

"Não há nada sobre o que valha a pena pensar"

Meus primeiros cinco anos de prática de meditação foram agradáveis, ainda que sem nada de extraordinário. Eu gostava de sair para os retiros e de me sentar quieta. Gostava da comida. Tinha prazer em ouvir histórias sobre Buda. *Adorava* a idéia de saber que era possível viver em paz, independentemente das circunstâncias específicas de nossa vida.

Embora passasse o tempo nos retiros seguindo a programação — sentar, andar, sentar, andar —, minha atenção estava por toda parte. Analisando agora, acredito que eu provavelmente pensava *mais* sobre histórias e fantasias no retiro do que fora dele, exatamente porque tinha mais tempo para deixar a mente divagar. Em casa eu tinha muitas tarefas, que requeriam toda a minha atenção. No retiro, minha mente ficava livre para engendrar histórias intermináveis. E era o que ela fazia.

Certo dia, eu estava andando por uma trilha, provavelmente contando uma história a mim mesma. Meu professor Joseph Goldstein vinha em minha direção pela trilha, conversando com outra pessoa. Não ouvi a conversa toda, nem mesmo a sentença que precedeu o comentário de Joseph. Mas assim que os dois passaram por mim, eu o ouvi dizer: "Veja bem, não há nada sobre o que valha a pena pensar".

Fiquei pasma. Passei minha vida inteira pensando sobre tudo. Venho de uma família de pensadores dedicados. Orgulho-me do meu pensamento. Eu também sabia que Joseph era, ele próprio, um grande pensador. Como ele podia dizer uma coisa dessas?

De algum modo, talvez por uma graça ou simplesmente porque as condições necessárias haviam sido atendidas para que eu "sacasse", e eu "saquei". Se o objetivo da prática é ver *neste* momento, como em todo momento, a verdade de surgir e desaparecer, a verdade da eterna mudança, preciso estar aqui, *agora*, para vê-la. Histórias são sempre elaborações da mente sobre o passado mítico ou o futuro hipotético. Elas não estão aqui.

Assim, fiz um voto de não contar histórias a mim mesma. Não para sempre, mas durante o tempo em que estivesse no retiro, praticando. Não foi um voto contra todo tipo de pensamento, porque as cognições — movendo, pisando, com fome, cansada — também são pensamentos. Foi em relação ao pensamento *discursivo*, que é o que as histórias são.

Assim que fiz esse voto, minha experiência meditativa mudou notavelmente. Decidi que minha atenção, quando eu me sentasse para meditar, não se desviaria da respiração. Os primeiros minutos de resolução, talvez as primeiras horas de resolução, foram difíceis. Porém, em bem pouco tempo, descobri que *eu era capaz* de relaxar. Não que eu tenha rebaixado a atenção até ela se submeter. O que aconteceu foi que a respiração tornou-se interessante. Na verdade, fascinante. Até mesmo — pode acreditar — emocionante! Foi quando minha prática efetivamente começou.

Anos mais tarde, contei a Joseph sobre a transformação ocorrida em meu entendimento e em minha prática. Ele comentou. "Talvez eu não quisesse dizer 'Não há nada sobre o que valha a pena *pensar*!'. Talvez minha intenção fosse dizer 'Não há *nada*, sobre o que valha a pena pensar!'". Mas essa é outra história.

Agora, sente-se durante vinte minutos.

Mais instruções para andar

Na faculdade eu usava um microscópio com três níveis de potência de lente. Começava com a ampliação mínima para correr os olhos por toda a lâmina e passava para níveis mais refinados para enxergar em detalhes os aspectos específicos. Às vezes um espécime escapava dos limites de visão justamente quando eu o estava enxergando no foco mais nítido. Quando isso acontecia, eu voltava e recomeçava.

Muitos anos depois, adotei o método do microscópio para meditar andando. Eis as instruções. Elas são particularmente apropriadas para quando andamos ao ar livre, e podemos sentir os odores trazidos pela brisa, e o sol talvez esteja brilhando. Se andar ao ar livre não for sua opção, aplique-a mesmo em recinto fechado.

Comece a caminhada com seu corpo *todo* atento à experiência. Sinta a temperatura do ar em sua pele. Deixe o ar roçar em você. Perceba o aroma no ar. Ouça os sons à sua volta. Imagine que seus olhos são lentes de uma câmera de grande angular e deixe que eles recebam uma visão panorâmica. Sinta todo o seu corpo se movendo pelo espaço. Note como, no andar comum, todas as partes do corpo participam natural e espontaneamente. Seus braços balançam dos lados do corpo. Seus quadris se movem. Seu equilíbrio muda de ponto de apoio. Para andar é desnecessário planejamento. Assim que você se põe em pé com a intenção de se mover, o andar acontece.

Vá e volte em sua trilha de caminhada. Sinta seu andar com seu corpo todo. Depois de algum tempo, talvez dez minutos, transfira sua atenção para as sensações nas pernas... para os pés... e, então, concentre-se nitidamente nas sensações das solas dos pés: "pressão... sem pressão... pressão... sem pressão".

Mantenha rigorosamente sua atenção nas sensações dos pés enquanto sua concentração for constante. Em algum momento, é provável que sua atenção comece a se desviar. "O que vem depois?" "E daí?" "Estou com frio. Preciso de um agasalho." Quando isso acontecer, volte algumas etapas em seus limites de concentração. Sinta todo o corpo andando. Sinta a brisa, os odores do ar, ouça. Quando sua atenção se firmar, você pode restringi-la novamente. Mudar o foco da percepção para ajustar-se aos níveis de concentração o ajudará a manter o autodomínio. Manter-se alerta é o que importa. Afinal, estamos nos tornando peritos em atenção, e não peritos em andar.

Suponho que os microscópios que eu usava na faculdade já tenham desaparecido há muito tempo, tendo valor apenas como antigüidades. Os espécimes provavelmente vão para microscópios eletrônicos, que geram análises computadorizadas. Mas a analogia com o microscópio ainda funciona para a meditação andando. Tente aplicá-la durante o restante desta hora.

Não há intervalos de tempo

A meditação da consciência plena é continuada, calma e concentrada em todas as atividades, marcada por períodos formais na posição sentada e andando. Tais períodos criam a clareza que possibilita a prática contínua. Finalmente percebi isso *anos* depois de ter começado a meditar, e minha vida tornou-se minha prática.

Devo essa perspectiva a U Pandita, mestre de meditação birmanês. Seu estilo de entrevistar foi minha deixa. Ele perguntava: "Quanto você está com a mente presente quando está sentada?" "Quanto você está com a mente presente enquanto anda?" e "Quanto você está com a mente presente durante os intervalos?".

Um dia, enquanto eu me preparava para minha entrevista com U Pandita, percebi que, mesmo durante os retiros, existem pelo menos tanto "intervalos" quanto períodos de prática formal. De repente, as atividades que eu fizera despreocupadamente, como por exemplo comer, tomar banho e arrumar a cama, tornavam-se valiosas! A passagem de uma atividade para outra era tão importante quanto as atividades em si. Em vez de pular de minha almofada de meditação e me apressar para chegar à minha trilha de meditação, eu deixava que a própria jornada se tornasse a prática. Se eu chegasse à minha trilha andando devagar, exatamente a tempo de voltar para a almofada, tudo bem.

Encantei-me com essa nova compreensão, pois ela significava que eu *sempre* estava praticando e nunca precisava fazer nada especial. Minha vida, eu sabia, continuaria a acontecer por conta própria como sempre. Tudo o que eu precisava fazer era *estar* ali.

Portanto, não há intervalos. Preparar o almoço, ou esperar que ele chegue e comê-lo são todos momentos para a prática da consciência plena.

Instruções para a alimentação

Como estamos nos preparando para almoçar, é um bom momento para introduzir o Segundo Domínio da Consciência Plena, o segundo reino no qual Buda ensinou que podemos prestar atenção. Este é o reino da qualidade dos sentimentos. Buda ensinou que um dentre três tipos de sentimentos — agradável, desagradável e neutro — acompanha cada momento de nossa experiência. É verdade.

Não é objetivo da prática tornar tudo tão insípido que sobrem apenas sentimentos neutros. O objetivo é estar alerta para sentimentos agradáveis e desagradáveis, de modo que eles não nos assustem ou desviem tanto quanto normalmente o fariam. Além disso, os tons dos sentimentos mudam continuamente. Assim como as sensações físicas, eles oferecem a possibilidade de notar o fenômeno da mudança que permeia toda experiência.

Em um retiro, os períodos das refeições são os melhores, a meu ver, para prestarmos atenção ao reino dos sentimentos agradáveis e desagradáveis, pois há mais promessas de excitação dos sentidos do que em qualquer outro momento durante o retiro. De fato, a expectativa de comer é excitante o suficiente para despertar nossa faculdade da vigilância mesmo antes de a refeição ter início.

Uma de minhas rotinas particulares nos retiros é fazer questão de ser a última a entrar no refeitório. Pratico a consciência plena durante o tempo em que estou na fila e posso perceber o quanto já comecei a salivar. Percebo também a apreensão que surge quando outro meditador se serve de uma quantidade enorme de comida. Começo a recear que não sobre nada para mim. Fico meio decepcionada quando do alguém passa por mim carregando uma bandeja cheia de comida e descubro que, ao que parece, o principal ingrediente do almoço é aipo. Escolho o fim da fila especificamente, pois sei que minha consciência plena nos momentos de espera será intensificada pela excitação sensorial do olfato, da visão e da salivação.

Se você tiver trazido comida para preparar, observe sua mente escolhendo. "Devo comer isto agora e aquilo mais tarde?" "Será que eu trouxe o suficiente?" "Por que fui trazer brócolis? Eu não gosto de brócolis!" "Pena que esqueci o molho de salada." Tente não comer enquanto prepara a comida. Isso requer que você se contenha, mas é uma boa prática. Conter-se desenvolve o autodomínio da mente. Em sua vida normal, você pode beliscar enquanto faz a comida. No retiro, conserve sua vigilância. Imagine que você está no final da fila.

Desafios diferentes surgem se sua comida for entregue. Estive em um mosteiro admirável no ano passado, com instalações para a prática eremítica. Isso significa que me indicavam meu quarto, informavam-me o cronograma da liturgia, mostravam-me o aposento em que me seriam servidas as refeições, que eu faria a sós, e então me deixavam sozinha. Quando eu chegava para comer, entrava no aposento por uma porta externa. Lá dentro havia uma mesinha posta para uma pessoa. Do outro lado, havia uma prateleira e, atrás dela, o que pareciam ser portas de um guarda-louças. As portas abriam-se pelo outro lado, e o cozinheiro passava a comida por elas, deixando-a na prateleira. Às vezes, quando eu chegava, a comida já estava lá. Em meu segundo dia de prática, quando eu ainda estava me acomodando e me habituando ao ambiente estranho, sentei-me diante de um almoço que parecia ser um caldo cinzento. O cheiro não era muito bom. Provei-o, e o gosto também não era muito bom. Passou-me rapidamente pela cabeça a terrível idéia de que o cozinheiro, por engano, mandara-me uma tigela com a água em que se lavavam os pratos. Imediatamente, corrigi meu pensamento e tentei convencer-me de que aquilo era missô. Mesmo assim, aquilo não tinha aparência nem gosto bom. Depois de ter meu pensamento inquietante, o caldo ficou com aparência e gosto ainda piores, e senti receio de tomá-lo.

Olhei em volta procurando um jeito de jogar a sopa fora sem me humilhar. Se o deixasse na tigela, teria de devolvê-la cheia. Não havia pia no aposento. Procurei algum vaso com planta, mas não havia. Pensei em abrir a porta e jogar a sopa lá fora, mas tive medo de ser apanhada no ato. Decidi que a única maneira de lidar com a situação era tomar a sopa. Foi o que fiz. Passou-se uma hora, passaram-se duas horas — e eu me sentia bem. Percebi que a sopa provavelmente era de missô ou alguma variação de missô.

Se alguém estiver trazendo suas refeições, observe sua mente cogitando: "Quando ele virá?", "E se ele se esquecer de vir?", "E se ele trouxer brócolis?", "E se ele trouxer comida demais?", "E se trouxer comida de menos?", "E se ele trouxer alguma coisa de que eu *não goste?*". A mente, na atmosfera alterada do retiro, é capaz de fazer uma tempestade em copo d´água elaborando sobre o simples gostar ou não gostar.

Meditação da alimentação

Comer é uma atividade sensual, fascinante e *muito* complexa. A mente, quando é posta diante de estímulos agradáveis, fica excitadíssima. Quando você intensifica sua percepção, comer pode revelar verdades fundamentais sobre surgir e desaparecer. Além disso, é divertido.

Transforme todo o processo de comer em parte do exercício. Quando sua comida tiver sido preparada ou entregue, sinta-a o mais completamente possível antes de comê-la. Todos os sentidos podem ser postos em ação quando você come. Você pode olhar para a comida, cheirá-la e tocá-la. Se ela for crocante, você até poderá ouvi-la ao comer!

Se sua comida for apetitosa, você provavelmente salivará, e o desejo de comer aparecerá. Você pode pensar "Por que estou aqui sentado *contemplando* esta comida? Eu quero comê-la!".

Vá em frente. Coma sempre que estiver pronto. Mas coma devagar, pois comer é complexo e você deseja aprender tudo sobre essa experiência.

Preste o máximo de atenção possível à mastigação. Note como o gosto da comida muda entre o momento em que você dá a primeira garfada e o momento em que você finalmente engole. Não é importante classificar o gosto inicial e o último gosto. O que interessa é notar a mudança. Tente prestar atenção ao que acontece com a vontade de comer. Quando você começa uma refeição, o apetite está presente. Em algum momento durante a refeição, o apetite desaparece. O libertador *insight* de Buda, de que "Todas as coisas condicionadas são transitórias", vale tanto para o apetite quanto para qualquer outra coisa.

Sinta-se livre para apreciar plenamente sua refeição. Há quem pense que as refeições em tempos de prática de meditação têm de ser pobres, acontecimentos sem importância. A meu ver, o oposto é o verdadeiro. Já que comer é um acontecimento do corpo inteiro, multissensorial, use-o inteiramente para a prática.

Mantenha a consciência plena

Os meditadores muitas vezes usam o tempo sem programação, logo após o almoço, para descansar, tomar banho ou deitar-se. Em termos de potencial para desenvolver o *insight*, deitar-se tem o mesmo valor que mover-se, escovar os dentes, comer — a consciência plena é sempre o denominador comum. O que estamos praticando é a percepção alerta e com autodomínio em *todas* as circunstâncias. Praticar no retiro é um preparo especializado para a vida cotidiana. Dá a partida no motor.

A técnica da anotação mental (nomear a experiência à medida que ela ocorre) é *particularmente* útil para manter a continuidade da consciência plena tanto durante toda a atividade quanto nas trocas de atividades. Ela mantém a atenção concentrada na experiência presente enquanto você toma banho ou arruma a cama. Ou enquanto passa do banho para arrumar a cama, para sentar-se e prestar atenção à respiração.

As pessoas às vezes hesitam em usar a anotação mental porque lhes parece estranho. *É estranho*, mas é muito útil. Essa técnica tende a manter a mente clara e desanuviada. O que quer que você esteja fazendo agora, acompanhe mentalmente sua experiência. O acompanhamento começa como uma técnica, mas termina como um hábito.

Em meus primeiros tempos de prática, eu sentia uma resistência tremenda em fazer anotações mentais, especialmente ao passar de uma atividade a outra. Minha relutância baseava-se em um acontecimento ridículo, que havia acontecido uns trinta anos antes.

Quando eu era bem jovem, tive um namorado chamado Danny que, provavelmente, estava tão nervoso quanto eu pelo fato de estar namorando. Creio que ele controlava o nervosismo conversando consigo mesmo e, ao mesmo tempo, mantinha uma conversa comigo. Quando estávamos esperando o ônibus e conversando, ele dizia bem baixinho: "Esperando o ônibus, esperando o ônibus, esperando o ônibus, subindo no ônibus, pegando o dinheiro, pagando a passagem". Tenho certeza de que o pobre Danny fazia aquilo por estar nervoso; ele estava se orientando no espaço e no tempo. Mas eu me sentia um pouco tola ao lado dele. Receava que algum conhecido nos visse juntos. Ou, pior ainda, que o ouvisse. Que ironia! Trinta anos depois, surpreendi-me numa prática na qual uma técnica fundamental é nomear a experiência presente. Anotações mentais como "estendendo a mão para girar a maçaneta, tocando a maçaneta, virando a maçaneta..." lembravam-me o "esperando o ônibus, esperando o ônibus". Eu me sentia idiota. E toda vez que fazia isso, lembrava-me de Danny. "Enlouqueci", eu pensava. "Por que estou fazendo isto?"

Recordações de Danny à parte, a anotação mental muitas vezes me parecia um fardo extra. Eu pensava em fazê-lo e então decidia "Não, isto não tem sentido". Em algum momento, eu levava a sério as instruções e dizia a mim mesma "Vá em frente — simplesmente faça. Não pense a respeito, não avalie, não tente entender, *simplesmente faça*".

Quando fiz, tudo mudou. A princípio, senti que estava conversando comigo mesma: "Pisando, pisando, pisando, pisando, estendendo a mão, tocando, virando, puxando". De repente, eu estava presente para mim mesma. Minha experiência mudou de erguer o braço e dizer "erguer, erguer, erguer" para, subitamente, *saber* erguer. Eu soube de um modo diferente do que sabia antes.

Anotação mental não é consciência plena. Anotação mental é nomear a experiência. Nomear a experiência, dar atenção resoluta, firme, à experiência, *conduz* à consciência plena. Vivenciar a consciência plena é uma sensação diferente de falar sobre consciência plena.

Um momento de consciência plena pode levar ao êxtase. Recordo-me de meu espanto quando comecei a descobrir a diferença entre falar sobre uma experiência e *ser* a experiência. A descoberta do êxtase da consciência plena arrebatou-me. Andando com cuidado, muito presente, pensei: "Quem diria! *Que estranho* é isto: estou absolutamente empolgada com o fato de pisar no chão e *saber* que estou pisando no chão!". Pisar no chão normalmente não é o tipo de coisa que consideramos empolgante. Mas *é* empolgante. Não é o pé que é empolgante. A consciência plena é empolgante.

A prática da tarde na posição sentada

Aguarde e observe bem

Eis as instruções que continuarão a refinar sua percepção.

Sente-se. Relaxe. Sinta todo o seu corpo sentado. Espere até sentir a respiração acontecendo. Não se precipite. Espere até que ela *se apresente* a você, até que ela surja na sua percepção. Aguarde *atentamente*, como se a esperasse chegar, ficando de guarda à sua espera. Aguarde-a com aproximadamente a mesma vigilância tranqüila com que você espera o retorno habitual de alguém que mora com você: apreciação genuína e não uma expectativa de surpresas.

Preste atenção de forma descontraída; permaneça interessado em sua experiência sem se deixar prender. Essa é uma instrução importante. É bom ficar interessado. Ficar preso é problemático, equivale a ficar empacado; e ficar empacado em qualquer coisa *não é* ser livre.

Neste período de prática na posição sentada, preste especial atenção ao aparecimento de qualquer estado de espírito ou de emoções que passem a distraí-lo. Se surgirem estados mentais intensos, você pode evitar ser desviado por eles prestando um pouco mais de atenção às complexidades de cada movimento da respiração. Há *muito* o que notar na respiração. Onde você a sente mais nitidamente? No abdômen? Na caixa torácica? Ao redor das narinas?

O que *exatamente* você sente? Você não sente *realmente* a respiração. Na verdade, não existe uma *coisa* chamada respiração. Respiração é o nome que damos a pressões e vibrações, alternâncias e mudanças de sensações físicas. Como uma inspiração difere de uma expiração? Você é capaz de senti-las como fenômenos distintos? Elas são começos? Fins? Está vendo? Nada maçante. Tente. Tente manter-se sentado durante 45 minutos.

Trabalhando com
estados mentais difíceis

Talvez nesse último período de meditação na posição sentada você tenha percebido a presença de estados mentais específicos, estados de espírito ou emoções que se destacaram o suficiente para que você os reconhecesse. Se foram agradáveis, você provavelmente os apreciou; se desagradáveis, desejou que desaparecessem. Prestar atenção a estados mentais e ao seu surgimento e desaparecimento é o Terceiro Domínio da Consciência Plena.

Neste estágio é proveitoso abordarmos especificamente os estados mentais difíceis que caracteristicamente surgem na experiência de toda pessoa. Os textos tradicionais os relacionam como sensualidade, aversão, preguiça e torpor, inquietude e dúvida. Embora pareçam misteriosos, eles são banais. Leia as descrições a seguir. Escolha a que mais se aproxima de sua experiência e siga as instruções para continuar a prática.

Possibilidade I: Você pensou em algo maravilhoso que gostaria de ter e não consegue parar de pensar nisso. Talvez se sinta romântico e tenha passado o período de prática na posição sentada escrevendo mentalmente uma carta de amor. Ou gostou tanto da experiência do retiro que está fazendo e refazendo projetos para construir uma cabana de retiro em seu quintal. Avance para o capítulo "Quero a Mamãe! Quero o Papai!", página 76.

Possibilidade II: Você se aborreceu totalmente com a situação do retiro. Está irritado com o espaço, com o tempo ou com as instruções. Está aborrecido consigo mesmo por ter decidido vir. Avance para o capítulo "Nadando em Jerusalém", página 79.

Possibilidade III: Você está com muuuito sooono. O almoço o deixou entorpecido. Nada parece mais convidativo do que uma longa soneca. Nada mais parece remotamente possível *a não ser* uma longa soneca. Avance para o capítulo "Esperra um poco, esperra um poco", página 82.

Possibilidade IV: Você estava se sentindo relaxado. Então, de repente, lembrou-se de algum problema e começou a repreender-se por preocupar-se com isso. "Puxa vida!!! Eu estava tão descontraído. *Por que* tinha de lembrar disso agora?" Você só consegue pensar no problema. Avance para o capítulo "O Havaí é aqui", página 84.

Possibilidade V: Você perdeu a confiança em todo este processo. Toda a prática de sentar-se e andar, de *não fazer* nada, começou a parecer ridícula. Ou, pior, inútil. Este é um momento de dúvida, disfarçado de opinião legítima. Vá para o capítulo "O momento Macbeth", página 86.

Possibilidade VI: Você está totalmente satisfeito. Neste caso, não precisa de instruções especiais. Agora pode ir para: "Instruções para a primeira caminhada da tarde", página 89.

Possibilidade VII: "Totalmente *satisfeito*? Não estou *nem um pouco* satisfeito. Estou sozinho, irritado, confuso e inquieto, e nem por um minuto acredito que isto tudo tenha algum valor!" Você pode animar-se com o fato de que, mesmo tendo todas essas emoções, esgotou todos os estados mentais difíceis e, se esperar, as coisas se acalmarão. Continue lendo direto até "Instruções para a primeira caminhada da tarde".

"Quero a Mamãe! Quero o Papai!"

Uma história de sensualidade

Quando as pessoas tomam conhecimento da explicação de Buda, "A causa do sofrimento é o anseio", às vezes pensam que o desejo é um problema e que ser espiritual significa não desejar. Isso não é verdade. Desejar é um aspecto normal de estar vivo. Ficar obcecado por um desejo que *não pode* ser atendido é o que agita e confunde a mente. Isso não *causa* o sofrimento. Isso *é* o sofrimento.

Minha neta Grace tem dois anos. Fiquei com ela uma noite enquanto seus pais foram assistir a *O fantasma da ópera*. Grace me conhece bem e não teve problemas para aceitar a saída dos pais. Ela acenou alegremente, dizendo "Tchau, Mamãe, tchau, Papai".

Passamos uma hora lendo *Vila Sésamo*, brincando com seus quebra-cabeças, assistindo à sua fita de vídeo dos *Teletubbies*. Usando a terminologia do "estado mental", poderíamos dizer que Grace e eu tínhamos mentes alertas, equilibradas, livres de energias obstrutivas.

Quando percebi que ela estava ficando cansada, disse-lhe: "Vamos nos aprontar para dormir, Grace". Ela concordou. Ajudei-a a vestir o pijama e, abastecida com uma nova mamadeira de suco de maçã, a boneca com quem ela dorme ("meu nenê"), a mamadeira da boneca ("mamadeira do meu nenê") e o "cobertor do nenê", Grace foi para a cama e eu ajeitei suas cobertas.

"Vovó, deite também", ela disse.

"Está bem, Grace, eu vou me deitar." Cinco segundos de silêncio.

"Quero a Mamãe! Quero o Papai!"

"Logo, logo eles virão!"

"Quero a Mamãe! Quero o Papai!"

Grace começara a perder seu tranqüilo e equilibrado autodomínio, e eu também. Dei uma olhada para o relógio e calculei quanto tempo faltava para Sarah e Michael voltarem.

"Quero a Mamãe! Quero o Papai!"

"Logo. Pronto, a vovó vai fazer carinho em suas costas." Eu sabia que ela gostava que lhe acariciassem as costas levemente, e percebi que seu corpinho estava ansioso porque ela se virava e se contorcia, obviamente *tentando* sentir-se confortável.

"Faça carinho nas costas!"

"*Estou* fazendo carinho nas suas costas. Deite-se. Feche os olhos."

(Ela se vira de barriga para cima.) "Faça carinho na barriga."

"Estou fazendo carinho na sua barriga."

"Faça carinho no braço!" Ela estende o braço.

"Estou fazendo carinho no braço."

"Faça carinho no *outro* braço." Estende o outro braço.

"Estou fazendo carinho no outro braço."

"Quero a Mamãe! Quero o Papai!"

"Logo!"

"Faça carinho no rosto."

"Estou fazendo carinho no seu rosto."

Parecia-me que, durante aqueles trinta segundos de intervalos em que eu fazia carinho — ou nos intervalos em que ela se interessava pelo suco de maçã —, o pensamento sobre mamãe e papai ausentes saía-lhe da mente, e seu corpo relaxava. "Ufa!", eu pensava, "agora bem que ela podia adormecer...".

De repente, o pensamento voltava. "Quero a Mamãe! Quero o Papai!"

Grace não perdeu totalmente o controle. Não chorou. Mas claramente lutou contra o desconforto de sua necessidade não atendida.

Também não perdi o controle, mas pude sentir que meu autodomínio começou a fraquejar. Assim como a mente cansada de Grace preenchera-se com o desejo de ter consigo a mamãe e o papai, *minha* mente cansada começou a acalentar pensamentos sobre o cozido que eu vira Sarah guardar na geladeira. Quanto mais o tempo passava, mais eu pensava no cozido. "Quando Grace adormecer, comerei alguma coisa... Você acabou de jantar... Como é que pode comer de novo?... Foi só sushi... Estou com fome... É um cozido de legumes... Comerei de novo."

"Quero a Mamãe! Quero o Papai!"

"Logo, Grace."

Uma hora mais tarde, Grace adormeceu. Eu soube que ela estava dormindo porque seu corpo relaxou, seus olhos permaneceram fechados, sua respiração tornou-se regular e ela deixou cair a mamadeira com o suco de maçã. Já adormecida, ela murmurou "Quero a Mamãe! Quero o Papai!".

Grace lidou com o seu episódio de desejo inquietante usando o autocontrole. Ela *não* chorou. Ela (e eu) pensamos em todos os instrumentos que ela poderia usar para sentir-se confortável e, por fim, seu desconforto abrandou-se o suficiente para que ela relaxasse e adormecesse. Saí da cama e fui comer um pouco do cozido de legumes, mas não ele todo. Concluí que nós duas tínhamos nos saído bem.

Instrução para meditação

Sentimentos sensuais e fantasias vêm e vão. São a resposta natural da mente ao reconhecimento ou à recordação de algo agradável. Não precisam ser um problema. Reconhecer sua existência reduz o poder que eles têm. Refreie o impulso de ampliar um desejo passageiro para um drama mental completo concentrando sua atenção um pouco mais decididamente sobre a respiração. Sente-se por mais cinco minutos; ponha toda a sua atenção na respiração. Resista ao impulso de contar histórias a si mesmo. Em seguida, vá para "Instruções para a primeira caminhada da tarde", à página 89.

Nadando
em Jerusalém

Uma história de aversão

Quando sentimentos desagradáveis preenchem a mente, ela resmunga. Resmunga para tudo o que está em seu caminho; até mesmo se for uma mente bem treinada. Aprendi essa lição enquanto nadava em Jerusalém.

A piscina onde nado, em Sonoma County, na Califórnia, é muito bem organizada. As pessoas nadam de um extremo ao outro, respeitam as raias e sabem fazer a virada. Quando chego para nadar, posso facilmente insinuar-me em uma das raias. Escolho aquela em que os nadadores parecem nadar em velocidade igual à minha e entro. E todos nadamos em longos ciclos, de um lado ao outro. As pessoas mantêm-se na fila.

Passei um mês em Jerusalém no ano passado. Assim que cheguei, decidida a continuar a me exercitar, filiei-me à Associação Cristã dos Moços. No dia seguinte, depois de vestir o maiô, saí do vestiário, toalha na mão, e vi a piscina pela primeira vez. Estava abarrotada de mulheres muito gordas, de touca de banho, movendo-se em ziguezague em todas as direções possíveis. Entrei com todo o cuidado e tentei nadar de um lado ao outro. Quase imediatamente, trombei com alguém. Ela ficou furiosa. Desculpei-me, mas não falo hebraico muito bem. Ela disparou a falar numa língua que não entendi. Chamou a atenção do salva-vidas, apontando para mim com gestos irados. Senti-me humilhada. Decidi que nadaria com o rosto fora d'água para ver aonde ia e não trombar com as pessoas. Mesmo quando me viam chegando, ninguém saía da frente. Ficavam *conversando* no meio da piscina!

Nadei todos os dias em Jerusalém, mas de cara amarrada, só pensando em coisas do tipo "deviam dividir as raias", "deviam dar instruções sobre como se portar numa piscina", "se essas mulheres querem conversar, deviam fazer isso fora da piscina". Eu nadava de uma ponta a outra fervendo de indignação, sentindo-me coberta de razão. Não era agradável. Não me sentia satisfeita.

Um belo dia, depois de nadar, enquanto me arrumava no vestiário, relaxei minha crítica interior por tempo suficiente para ouvir as mulheres conversando entre si. Falavam uma mistura de russo, iídiche e um pouco de hebreu — eram russas recém-imigradas. Olhei para seus rostos e corpos — mais velhos, mais cansados, mais esgotados do que os meus, muitas varizes. Tinham sobrevivido a cinqüenta anos de regime soviético e à guerra antes dele. Subitamente, pensei "Estou num vestiário repleto de mulheres judias nuas e estamos *em segurança*". Senti-me muito feliz por elas estarem vivas, bem, nadando na piscina da ACM, e por estar entre elas.

Também me senti felicíssima e *aliviada* com a mudança de meu estado de espírito. "Ufa", pensei, "agora vão acabar meus pensamentos irritados sobre essas mulheres e poderei nadar em paz com elas na piscina." Contei ao meu marido sobre minha revelação. "Agora que meus valores estão em ordem, gosto dessas mulheres. Elas podem nadar como quiserem", falei.

Na vez seguinte, quando fui nadar, as mulheres continuaram seus ziguezagues e meus pensamentos irritados voltaram. Quando as circunstâncias presentes são decepcionantes, a aversão emerge. É assim, e acabou-se.

Quase no final de minha estada em Jerusalém, contei a história da ACM a um grupo de estudantes a quem eu estava ensinando meditação. Contei-a porque pensei que seria um bom exemplo de como a paz de espírito está disponível apenas se estivermos dispostos a abrir mão das expectativas que conduzem às recriminações. Um dos estudantes corrigiu-me. "Na minha opinião, você errou", ele disse. "Você devia ter explicado sua situação ao salva-vidas e ele teria ensinado as mulheres a nadar nas raias."

Acho que talvez eu não estivesse sendo muito clara em minhas lições naquela noite. Porque se estivesse, meu aluno teria compreendido que, mesmo se as mulheres estivessem nadando nas raias, a água estaria quente demais. E as toalhas seriam muito pequenas. E muito ásperas. Como Gilda Radner expressou muito habilmente no título de seu livro, *There is always something* [Há sempre alguma coisa].

Instrução para meditação

Sentimentos e fantasias de aversão vêm e vão. São a resposta natural da mente quando ela reconhece ou recorda algo desagradável. Não precisam ser um problema. Reconhecê-los reduz o poder que eles têm. Pensamentos de aversão tendem a gerar tensão no corpo; por isso, estenda os braços e pernas, solte os ombros. Tente sorrir. Sente-se durante cinco minutos. Relaxe. Detenha sua atenção nas sensações de seu corpo. Em seguida, vá para "Instruções para a primeira caminhada da tarde", página 89.

"Esperra um poco, esperra um poco"

Uma história de preguiça e torpor

De vez em quando, a energia da mente falha. Faltando-lhe energia, a mente fica confusa, devaneia, adormece, especialmente depois do almoço. Prestar mais atenção a cada momento de experiência — Buda chamava a isso de "ter a mente em mira" — é, em si mesmo, um antídoto para a falta de clareza.

As raízes étnicas de minha amiga Martha são diferentes das minhas, por isso ela nunca teve um avô que dizia "Esperra um poco", mas ela usa essa frase comigo com freqüência. Eu a uso muitas vezes para indicar falta de clareza. É uma forma abreviada de: "Vamos mais devagar. Estão entrando dados demais ao mesmo tempo. Estou com sobrecarga. Estou confusa".

Concentrar-se em uma coisa por vez é o antídoto para a confusão. Desacelerar, fazer menos possibilita "mirar" a mente com precisão.

Meu avô movia-se devagar e fazia uma coisa de cada vez. Quando ficou bem velho, veio morar em minha casa por uns tempos, e meus filhos o levaram à escola para que ele falasse para seus colegas de classe. Ninguém mais tinha um bisavô de 95 anos de idade. Ele ajudava muito em nossa casa. Sua saúde era ótima, e ele adorava fazer tarefas domésticas.

Sua única limitação era uma perda considerável da audição. Ele precisava concentrar-se totalmente para entender o que alguém estivesse falando. Daí originou a senha "Esperra um poco".

Meu avô podia estar, por exemplo, diante da pia, descascando batatas. Eu me aproximava e começava a conversar. Ele estava concentrado em descascar as batatas e, além disso, a água estava correndo. "Esperra um poco! Esperra um poco", ele dizia. Fechava a torneira, largava a faca, virava-se totalmente de frente para mim e dizia "Prronto. O que é?". *Isso* é que é fazer mira.

Instrução para meditação

Os níveis de energia mudam na mente exatamente como no corpo. Estados de energia baixa não precisam ser um problema. Reconhecê-los reduz o poder que eles têm. Sente-se durante cinco minutos. Mantenha os olhos abertos. Tente focar a mente com precisão notando o início e o fim de cada movimento da respiração. Depois vá para "Instruções para a primeira caminhada da tarde", página 89.

O Havaí é aqui

Uma história de inquietude

Estava no meio de uma aula de meditação, cujo título era "Trabalhando com energias mentais difíceis", quando me lembrei de que o oásis mais próximo está sempre bem debaixo do nosso nariz. O tema da noite era a Inquietude, tendência de a mente excessivamente ativa sondar o ambiente em busca de possíveis fontes de preocupação e com elas forjar a aflição. Tendo passado boa parte da minha vida como especialista em sentir aflição e estando agora notavelmente recuperada, dou essas aulas com entusiasmo especial. Tenho certeza de que minha recuperação é resultado de minha prática de meditação e, por isso, anseio por ensiná-la.

Nancy, uma das alunas que entrou mais recentemente no grupo, comentou: "É curioso. Quando estou perto de casa, não consigo me livrar de uma preocupação obsessiva. Quando não é por uma coisa, é por outra. Mas a mente parece ter limites geográficos. Todos os meus receios desaparecem quando vou para o Havaí".

"O Havaí é *aqui*!", repliquei imediatamente. "*É* mesmo. Veja! Sem palmeiras, sem praias, mas a solução Havaí, que poderia ser a solução Topeka, é um reflexo do fato de a mente perceber que não posso *fazer* nada a respeito dessa situação neste exato momento."

Cada momento de consciência plena, de presença tranqüila e alerta, cada momento em que a mente não está às voltas com alguma coisa de que ela julga precisar, ou tentando livrar-se de alguma coisa que ela julga não querer é um momento de liberdade. Isso às vezes é denominado "presença", o que soa pomposo. Na minha opinião, é mais simples. Quando estamos presentes, vemos o que precisa ser feito. Também vemos os limites do que podemos fazer. *Tudo* o mais não está ao nosso alcance. Que alívio!

Instrução para meditação

Tempestades de energia vêm e vão na mente, excitando o nervosismo e a ansiedade. Não precisam ser um problema. Reconhecê-las reduz o poder que elas têm. Respire fundo, devagar, sem pressa. A respiração tranqüila acalma o corpo e compõe a mente. Sente-se por mais cinco minutos, atentando para a respiração calma. Em seguida, vá para "Instruções para a primeira caminhada da tarde", página 89.

O momento Macbeth

Uma história de dúvida

Um incidente específico acontecia-me na meditação com tanta regularidade, que acabei por considerá-lo inevitável. Hoje o reconheço como uma experiência beirando um *insight* em uma mente confusa por um tantinho de tédio e, talvez, de rabugice. Na época, minha reação era "Xi, lá vou eu de novo". Aquilo era desagradável para mim.

Eu estava andando, praticando com todo empenho. De repente, como se alguém houvesse ligado um toca-fitas na minha cabeça, eu ouvia "Amanhã, e amanhã, e amanhã,/ arrasta-se neste passo fútil.../ E todos os nossos 'ontens' iluminaram tolos/ No caminho da morte árida...". Macbeth, outra vez me alertando para o fato de que minha experiência tornou-se maçante.

O momento Macbeth, uma vez tendo começado, sempre se prolongava em repetições contínuas. Iniciando com "Amanhã...", prosseguia na íntegra até o trecho "É uma história,/ Contada por um idiota, repleta de som e fúria,/ Sem nenhum significado", e então recomeçava. Eu visualizava um ator cósmico, invisível, ensaiando seu papel diretamente para dentro da minha cabeça. Quando minha situação fazia-me lembrar um toca-fitas programado para repetir automaticamente a gravação, eu tentava visualizar-me ejetando a fita. Isso raramente funcionava.

"Por que estou *aqui?*", eu pensava. "Tudo isto é inútil. Amanhecer, pôr-do-sol, ciclos intermináveis decorrendo inexoravelmente, e todos nós muito conscientemente empenhados na 'prática espiritual para nos tornar iluminados' — e, afinal, quem sabe *o que* isso significa?" Eu sentia melancolia por minha triste situação, pela triste situação de todos nós, e então vinha a depressão por causa da desesperança. "É tudo um embuste!", eu pensava. "E, de algum modo, acabamos acreditando nele — e aqui estamos nesta busca ridícula e vã."

O momento Macbeth, na minha opinião, é uma interpretação tortuosa de algumas verdades cruciais. O amanhã realmente *sempre* chega, em seu ritmo regular, e por causa disso todos nós, todas as nossas experiências e tudo o que possuímos é efêmero. Não podemos deter nem evitar a passagem do tempo. E embora "uma história contada por um idiota" pareça um modo irreverente de reconhecer o fato de o plano cósmico se desdobrar em dimensões demasiado imensas para serem compreendidas por indivíduos — certamente por mim —, essa frase é um dramático alerta sobre a fragilidade e a imprevisibilidade da vida. Os acontecimentos freqüentemente parecem arbitrários.

Buda ensinou que nada acontece sem uma causa antecedente, e nada acontece sem gerar algum efeito. Dessa perspectiva, o cosmo é regido por leis. (Quando ouvi pela primeira vez meu professor Joseph dizer "O cosmo é regrado", pensei ter ouvido "O cosmo é desregrado", e concordei!.) O potencial libertador dessa percepção está em livrar-nos de levar tudo para o lado pessoal. Ela significa fazer o melhor que pudermos para cuidar de tudo — de nós mesmos, de todas as criaturas, do planeta — e também nos lembra de que não estamos no comando.

Um dos *insights* que as pessoas que praticam a meditação da consciência plena almejam alcançar é a percepção da interligação. O momento Macbeth não é um erro. Ele é dramático (porque esse é o meu estilo) e um tanto sombrio ("arrasta-se" e "fútil" não são termos elogiosos), mas realmente diz a verdade sobre a natureza essencialmente vã do tempo e da experiência. "Cheio de som e fúria,/ Sem nenhum significado" é uma magnífica descrição de como todo o alvoroço aqui seria visto de um ponto de vista cósmico.

Por fim, todos os meus momentos Macbeth acomodaram-se em uma maior apreciação do que parece ser a verdade pura e simples. O tempo realmente passa. As coisas realmente acontecem. Quem sabe por quê? Nós nos arranjamos de algum modo. A mudança em minha experiência, de uma melancolia inquieta para uma aceitação serena, acontece, creio, quando começo a rir. Acho que ela ocorre na enésima repetição do solilóquio, quando chego no trecho "Que se pavoneia e se aflige em seu momento no palco/ E então não é mais ouvido". Observo todos os outros meditadores ao meu redor e penso "Olhem só para nós, nos pavoneando e nos afligindo!".

Instrução para meditação

É normal termos momentos de dúvida, nos quais a atenção vacila e a resolução enfraquece. Todo mundo tem esses momentos. Eles não precisam ser um problema. Reconhecê-los reduz o poder que têm. Fique alerta para pensamentos sabotadores: "Você está fazendo errado", "Isso é difícil demais". Você está fazendo certo, e é mais fácil do que pensa. Sente-se por mais cinco minutos. Detenha sua atenção em cada movimento da respiração, do começo ao fim. Depois vá para "Instruções para a primeira caminhada da tarde", página 89.

Instruções para a primeira caminhada da tarde

Escolha uma velocidade adequada à sua necessidade

A concentração não se desenvolve porque você se atém a determinada velocidade ao andar. Ela se desenvolve porque sua atenção se mantém convergindo para a atividade. Se andar muito lentamente mas sua mente estiver por toda parte, pensando em dez mil histórias diferentes a cada passo, você poderá andar até a Lua sem melhorar a concentração. Se você correr pelo quarteirão dez vezes e prestar atenção a cada passada, quando o pé toca o chão, estará bastante concentrado e absorto no final da corrida. O fator fundamental para desenvolver a concentração é manter o movimento à frente a uma velocidade na qual sua atenção consiga manter-se dirigida.

A percepção da transitoriedade da experiência também pode se desenvolver a qualquer velocidade. Se você andar muito devagar, prestando muita atenção, notará, a cada passada, que a pressão na sola do pé diminui até desaparecer, e então reaparece. Sua experiência será o surgimento e o desaparecimento das diminutas sensações de pressão, formigamento e peso sob os pés.

Se você correr pelo quarteirão e se concentrar o suficiente para prestar atenção, notará, em vez de diminutas sensações nos pés, que cenas surgem e desaparecem. Quando você corre por uma rua, apresenta-se um determinado panorama. Quando vira a esquina, de repente, surge um panorama *novo*. Você descobre o surgimento e o desaparecimento de uma perspectiva muito mais "macro" do que descobriria se estivesse caminhando devagar. Não importa se o despertar for macro ou micro — só importa que ele aconteça.

É importante não ter o objetivo de *chegar* a algum lugar quando você anda. Se deseja andar devagar, ande de um extremo ao outro em sua trilha curta. Se deseja mover-se com rapidez, escolha uma rota mais longa. Só *não vá a lugar nenhum*. Pratique por 45 minutos.

Prática na posição sentada no fim da tarde

Buscando insights

A experiência do *insight* sobre como as coisas são — perceber a verdade sobre o sofrimento, as energias que confundem a mente, os fatores que conduzem à iluminação — foi denominada por Buda de o reino do *dharma*, o Quarto Domínio da Consciência Plena. Os *insights*, como tudo o mais, surgem e desaparecem. *Insights* repetidos conduzem à sabedoria.

Você não pode simplesmente sentar-se e dizer "Agora praticarei a compreensão, o *insight* e a sabedoria". Eles acontecem por si mesmos. São frutos da prática.

Você tem despertado a consciência seguindo instruções específicas para sentar, andar e se alimentar. Todas elas são variações do tema sobre como descondicionar a mente de seus padrões habituais. Seguir instruções requer esforço. Você tentou fazer com que sua atenção se detivesse exclusivamente à respiração. Você tentou perceber as sensações em seu corpo enquanto andava. Tentou prestar atenção àquilo de que gostava e de que não gostava, e tentou trabalhar com estados mentais difíceis. Todas essas tentativas destinavam-se a acalmar a mente e ajudá-la a concentrar-se. Agora, não tente.

As instruções para esta prática na posição sentada são: não faça nada, apenas fique sentado. Sente-se de olhos abertos ou fechados. Relaxe. Fique aguardando, mas sem prever nada. A respiração vem e vai, as sensações físicas vêm e vão, os sons vêm e vão. Os tons de sentimentos e os estados de espírito vêm e vão. Tudo vem e vai, por conta própria.

Se enquanto estiver sentado sua atenção ficar *presa* a acontecimentos específicos — pensamentos, estados de espírito ou sentimentos —, você terá uma experiência direta da causa do sofrimento. Não importa se esses eventos forem agradáveis ou desagradáveis. A mente presa em apego *ou* aversão está desconfortável. Não está livre.

Se enquanto estiver sentado sua atenção *não* ficar presa a acontecimentos específicos, você terá uma experiência direta do fim do sofrimento. Agradável ou desagradável, não importa. Você será capaz de notar, com um interesse tranqüilo, o *show* passageiro de todos os fenômenos. A mente alerta, não perturbada por apego ou aversão, está confortável. Está livre.

Caminhada no fim da tarde

Andando com sabedoria

A meditação da consciência plena não muda a vida. A vida permanece frágil e imprevisível como sempre. A meditação muda a capacidade do coração para aceitar a vida como ela é. Ensina o coração a ter mais capacidade de acomodação, não obrigando-o a ser submisso, mas deixando claro que a acomodação é uma escolha gratificante. A acomodação do coração nem sempre é fácil. Saber que ela é uma possibilidade é uma grande inspiração. Ter um coração que se acomoda é a suprema liberdade.

Praticar a acomodação nas pequenas decepções da vida, que acontecem a cada momento — não *esquecendo* as nossas preferências, mas permanecendo descontraídos e serenos quando essas preferências não são satisfeitas —, prepara-nos para lidar com os desafios maiores da vida. O movimento do coração na renúncia, na acomodação graciosa, é maior e mais difícil quando nos defrontamos com os grandes pesares da vida do que com as pequenas inconveniências. A meditação da consciência plena é um modo de praticar esse movimento, usando as atividades corriqueiras de nossa vida cotidiana como matéria-prima.

Faça uma caminhada despreocupada, olhando à sua volta. Note, se puder, o modo como até mesmo um só dia de consciência plena serena cultiva uma mente mais tranqüila. A capacidade de acomodação da mente, descrita nos textos como maleabilidade, é um sinal de sabedoria. Imagino a mente olhando em volta e dizendo "Ei, é isto. Gostando ou não, isto é o que está acontecendo".

O fenômeno brócolis

O fenômeno brócolis, uma ilustração clássica da maleabilidade da mente, é uma situação que as pessoas regularmente me descrevem nos retiros. Provavelmente, boa parte das pessoas que freqüentam retiros para praticar a consciência plena não é fã de brócolis. Você talvez seja uma delas. A sopa servida no jantar da primeira noite vem cheia de pedacinhos de brócolis. "Xiii", você talvez pense, "não sei se vou gostar daqui. Espero que este seja o primeiro e último prato com brócolis." Você começa a praticar a meditação, sentando-se quieto por certos períodos, andando devagar em outros, prestando atenção a sensações simples como a que surge com sua respiração enquanto está sentado ou a que sente nos seus pés enquanto anda.

Você começa a se acalmar. O café da manhã não é problema. Sem ovos mexidos, sem pãezinhos doces, nada muito interessante, mas, mesmo assim, tudo bem. Então, vem o almoço. Aparece um enorme cozido, com vegetais sortidos, *inclusive* brócolis. E arroz cozido no vapor. "Epa! Como devo fazer agora? Devo comer só o arroz? Não, sentirei fome. Acho que vou pôr o cozido em cima do arroz e *tirar* o brócolis. Espero que não façam isto comigo de novo!"

Fazem. A mente dedica uma parte enorme do tempo ao detestável brócolis:

"*Onde* será que eles arranjam esses cozinheiros?"

"Quando voltar para casa, enviarei para eles uma coleção de *bons* livros de receita!"

"E se uma pessoa fosse *alérgica* a brócolis?"

"Talvez eu deva deixar um bilhete para os cozinheiros. Eles não *imaginam...*"

"Aposto que na lista de compra deles *brócolis* é o item principal!"

"Se eles *fazem questão* de servir tanto brócolis, poderiam ao menos prepará-lo separadamente, como um prato de acompanhamento, e não misturá-lo em tudo."

Os dias passam, as refeições passam, e entre surtos de crítica culinária, que temporariamente provocam tempestades mentais, você continua a desenvolver o autodomínio. Sentar, andar, respirar, dar passadas — hora por hora, gradualmente, enquanto você está ocupado se concentrando, sua mente se acalma. Isso acontece com regularidade, mas em geral imperceptivelmente, por isso às vezes você não nota que está ocorrendo.

O fenômeno brócolis lhe permite perceber que sua prática está surtindo efeito. Você entra no refeitório. Novamente, brócolis é a atração principal e você não esboça nenhuma reação. A mente se acomoda. Talvez você sorria e até pense: "Agora espero que eles não sirvam nenhuma refeição sem brócolis, senão a história que terei para contar quando chegar em casa não será tão boa".

Se a meditação da consciência plena só funcionasse no caso do brócolis, não seria tão valiosa quanto é. A meditação da consciência plena aplica-se aos brócolis da vida, às inevitáveis dores no corpo e às decepções da mente que, de modo contínuo e fundamental, constituem a nossa experiência.

O objetivo da prática não é livrar-se da dor para sempre, pois isso não podemos fazer. Também não é livrar-se de sentir prazer ou desprazer, de gostar ou desgostar, pois essas são reações naturais à vida. A prática da consciência plena acalma a mente de modo que esta veja com clareza e responda com sabedoria.

Há dias em que me sinto mais sábia. Minha sabedoria é mais um reflexo de meu grau de consciência plena do que de circunstâncias externas da vida. A mente, quando está tranqüila, faz julgamentos mais sensatos.

Shanti, a cozinheira-chefe de muitos dos retiros de meditação nos quais dou aula, contou-me que ouviu o seguinte conselho da sra. Hammond, sua professora da terceira série, no sentido de superar sua aversão pela matemática: "Escute, você terá de usar algum tipo de matemática todos os dias, durante sua vida toda. É melhor dar um jeito de gostar dela!".

Ingressando no partido da sra. Hammond, acrescento: "Provaremos algum tipo de brócolis todos os dias, durante o resto de nossa vida". Alguns serão triviais, incômodos sem importância, e alguns serão muito, mas muito penosos.

Shanti não usa muito brócolis nos pratos que prepara. Mesmo que usasse, isso não seria problema para mim. Eu até gosto de brócolis. Meu problema é com o aipo.

Jantar

Aqui estão mais orientações para a hora da refeição. Você já conhece algumas: olhe para a comida, sinta seu aroma, saboreie-a e coma devagar. As instruções para a hora do almoço incluíam prestar atenção aos tons dos sentimentos surgidos das reações aos alimentos (agradável... neutro... desagradável), e também à percepção dos respectivos estados mentais (Nham!... Uhm... Argh!). Esta refeição noturna pode incluir a atenção ao abrangente Quarto Domínio da Consciência Plena: a percepção da verdade da experiência.

Leia estas instruções primeiro, depois siga-as. Sente-se diante da comida durante alguns minutos antes de comer. Note o que *exatamente* acontece para causar o ato de comer quando ele acontece. É uma ação voluntária, portanto algo tem de acontecer. O que é? O que acontece antes desse momento? E logo depois? Note que você mastiga por um tempo, depois engole. O que determina o momento de engolir? É um pensamento? Uma sensação física? Como acontece o ato de engolir?

O que determina o momento em que você pega a colherada (ou garfada) seguinte de comida? Pegar é uma ação voluntária, portanto *alguma coisa* acontece. O que é? O que acontece em sua mente se você interromper o movimento de colocar a comida na boca e devolvê-la ao prato? (Não faça este exercício mais de uma vez — você se irritará!)

Você é capaz de notar o momento exato em que seu apetite desaparece? Para onde ele foi? Você fica desapontado? Observe se sua comida acaba antes de seu apetite sumir. Você fica desapontado?

Esse é um roteiro *geral*. Adote uma postura inquisitiva, alerta, diante do ato de comer. Há muita verdade a aprender na hora do jantar, e em qualquer outra hora.

Você pode achar que isso é comer com muita autoconsciência, mas os budistas não acreditam no eu. Pense nisso como comer com consciência.

Palestra noturna
sobre o *dharma*

Os sete fatores da iluminação

O estilo de ensinar de Buda, 2500 anos atrás, era didático. Ele dava palestras. Buda andou por toda a Índia durante quarenta anos e, aonde quer que fosse, as pessoas se reuniam para ouvi-lo. Freqüentemente, tornavam-se iluminadas só por ouvi-lo.

Uma preleção no estilo de Buda, explicando uma postura filosófica ou uma técnica de meditação, é chamada "palestra *dharma*". Essas palestras tornaram-se tradição nos retiros contemporâneos de meditação da consciência plena. Os alunos anseiam por elas. Como as refeições, elas são um estímulo fundamental em uma programação que, em outros aspectos, é esparsa.

Quando comecei a ensinar meditação, surpreendi-me ao descobrir que estava hesitante em dar uma palestra; não estava confiante como costumava ao dar aulas. Ensinar filosofia budista parecia diferente de ensinar psicologia do desenvolvimento ou, na verdade, qualquer outra coisa que eu já houvesse ensinado. Os assuntos seculares, científicos, ligavam-me horizontalmente a outros professores contemporâneos. Ensinar meditação subitamente me ligava, por todas as gerações, ao Buda. Eu sentia um assombro reverente; afinal, as pessoas tornavam-se *iluminadas* ao ouvi-lo — e se sentiam honradas.

Meu nervosismo para ensinar meditação abrandou-se à medida que se tornou menos misteriosa para mim. A meditação *é* uma ciência. Além disso, ensinar sobre Buda requer contar muitas histórias, e eu sou uma contadora de histórias. Ao longo dos anos, ouvi meus professores fazendo as mesmas palestras e contando as mesmas histórias vezes sem conta. Como transmitiam a mesma mensagem — a paz é possível, nesta mesma vida e neste mesmo corpo —, eu nunca me cansava de ouvi-los.

Minha palestra favorita intitula-se: "Os sete fatores da iluminação", que fala sobre as capacidades mentais especiais das pessoas iluminadas. Quando me disseram pela primeira vez que as pessoas sábias irradiavam naturalmente essas sete qualidades, e em equilíbrio perfeito, pensei: "Difícil demais! Não pareço ser nem um pouco assim!". Quando me disseram que eu podia *cultivar* essas qualidades, praticá-las antes que se manifestassem espontaneamente, me senti melhor.

A seguir você vai conhecer uma palestra *dharma* interativa sobre cultivar os fatores da iluminação. Leia tudo, leia cada seção, e faça uma pausa sempre que chegar às instruções de prática para poder vivenciar os sete fatores pessoalmente.

Nenhum dos fatores da iluminação é uma capacidade que esteja fora do alcance da experiência humana normal. Eles são corriqueiros. Concentração, calma e equanimidade são variações matizadas do autodomínio. Êxtase, energia e investigação são os ingredientes ativos da prontidão. A consciência plena, a compreensão plena e isenta de reações da experiência presente, aparece nas listas tradicionais como o sétimo fator da iluminação e a soma dos outros seis.

Toda pessoa já passou por momentos de concentração profunda. Essa experiência acontece de forma natural, sempre que a atenção é totalmente cativada. A percepção concentra-se em uma única coisa, e a sensação da passagem do tempo é alterada. Isso acontece com os músicos, especialmente os que tocam em conjunto; com os esquiadores e com os ciclistas em trilhas montanhosas íngremes; com os leitores de histórias de espionagem, quando começam um romance absorvente durante a decolagem e se surpreendem, seis horas depois, por já estarem aterrissando. Pense nas ocasiões em que você ficou naturalmente concentrado. Recorde-se de como é a concentração.

Agora, tente concentrar-se *apenas* na sua respiração. Depois de ler estas instruções, largue o livro e feche os olhos. Permita que a respiração se apresente a você onde quer que lhe pareça mais enfática. Mantenha sua atenção concentrada. Resista a *qualquer* impulso para desviar sua atenção. Isso requer um certo esforço; não é uma prática totalmente descontraída. Mas vale a pena. Aprimora a concentração. Use o cronômetro, se possuir um. Sente-se por dez minutos.

O êxtase, na linguagem da meditação, é a percepção aguçada das sensações físicas. Ocorre espontaneamente, quando estamos concentrados. Já senti meu corpo mobilizado e respirando com intensidade ao assistir a uma prova de natação, ao ver mulheres em trabalho de parto, ou junto a pessoas que estavam morrendo. Quando estamos concentrados e alertas, a percepção da energia do corpo é aguçada.

O êxtase acontece também na meditação. Algumas experiências de êxtase são tão intensas que são visíveis e os outros meditadores no retiro podem então ficar preocupados: "Epa! Por que será que aquela pessoa está balançando de um lado para o outro? Espero que isso não aconteça comigo!", ou "Por que será que aquela pessoa está sorrindo?", "Por que aquele sujeito está chorando?", ou ainda "Por que isso *não* está acontecendo comigo?".

O êxtase acontece de muitas formas, e não é igual para todos. Em geral, o êxtase da meditação é brando. Quando a mente e o corpo se aquietam, o corpo relaxa. As pessoas se referem à sensação de estarem agradavelmente aquecidas ou deliciosamente refrescadas, com leves formigamentos no corpo todo, ou ainda espantosamente leves e confortáveis. Às vezes é simples como um arrepio.

Sinta o êxtase em seu corpo agora. Sente-se relaxado e totalmente imóvel. Sinta todo o seu corpo. Note sua energia. É uma energia que provoca formigamentos? É vibrante? Pulsante? Quente? Fria? Pesada? Leve? Volte toda a sua atenção para alguma parte específica do corpo, como por exemplo o cotovelo esquerdo ou o tornozelo direito. Note que, quando você faz isso, aquela região reage com uma perceptível intensificação das sensações. Aquele local acorda em sua mente. Agora, faça isso seqüencialmente, começando com os pés e percorrendo todo o corpo até o alto da cabeça. Acorde todo o seu corpo com a percepção. Faça isso agora. Fique sentado por dez minutos.

Calma é uma sensação de suavidade na mente. Tranqüilidade freqüentemente é usada como sinônimo de calma. Imperturbabilidade e serenidade também serviriam.

Dipa Ma, uma indiana idosa de grande renome como mestra de meditação, visitou os Estados Unidos 15 anos atrás. Meus mestres eram discípulos dela e ansiavam por apresentá-la aos outros membros da comunidade da consciência plena. As aulas foram marcadas em minha casa, porque minha sala de estar tinha espaço suficiente para muitas pessoas.

Dipa Ma era uma mulher miúda e, na época de sua visita, tínhamos em casa um cão akita enorme. Os akitas têm uma aparência bem ameaçadora, e normalmente os convidados hesitam em entrar, necessitando ser tranqüilizados. Dipa Ma veio entrando com toda calma. Yuki ergueu-se para recebê-la. Os dois tinham quase o mesmo tamanho. Ela era mais alta e ele era mais pesado. Ela pôs as mãos na cabeça do cachorro e o abençoou. Dipa Ma tinha tranqüilidade. Era o seu forte.

Minha história favorita sobre tranqüilidade foi contada por minha amiga Anna, professora do Centro de Meditação de Spirit Rock. Muito tempo atrás, num período em que estava empenhada em uma prática de meditação intensiva, Anna descobriu um "estado mental totalmente novo". Ela relata que se deu conta de que ele era novo e desconhecido, e comenta: "Durante algum tempo, eu me perguntei o que seria aquilo. E então percebi que era calma".

Em geral, as pessoas riem quando Anna conta essa história. Acho que o riso, em parte, é provocado pelo seu jeito espirituoso de contar a história. O resto, na minha opinião, provém da tristeza. As pessoas percebem que raramente se sentem calmas.

Pratique a sensação de calma. Sente-se quieto, mas assegure-se de que seu corpo esteja relaxado. Em um momento, você fechará os olhos. Quando o fizer, permita que sua atenção se detenha na respiração, usando a regularidade dos movimentos da respiração para cultivar a calma. Há um verso no Sutta Fundamentos da Consciência Plena em que Buda diz: "O praticante pode refletir enquanto inspira longamente 'Eu acalmo meu corpo' e, enquanto expira longamente, 'Eu acalmo meu corpo' ". Você pode fazer o mesmo. Tente agora. Fique sentado por dez minutos.

Investigação é a qualidade da mente que combina a experiência com a expectativa de que um exame mais profundo revelará segredos ocultos. Ela requer alguma fé. Recentemente ganhei um livro de estereogramas, traços que de início parecem ter sido feitos a esmo, desenhos planos, mas que se ressaltam em uma imagem tridimensional quando vistos de modo correto. Eu olho, olho e olho. Aproximo o livro do meu nariz e o afasto devagar, exatamente como mandam as instruções e, em geral, nada acontece. Continuo tentando. Tenho fé, porque meu marido diz "Veja! Veja! Está bem aí! É só envesgar os olhos. É só relaxar". Sei que a "verdade" da imagem é visível, pois meu marido a vê e, além disso, em *algumas* das imagens consigo ver. Por isso, continuo tentando olhar para cada imagem *como se* desta vez serei capaz de enxergar. Continuo investigando.

Às vezes assumo uma postura em relação a uma sessão de meditação como se ela estivesse prestes a revelar uma compreensão mais profunda. Digo a mim mesma "Que eu possa compreender mais plenamente sobre a impermanência durante esta sessão", ou "Que eu possa finalmente entender a interligação". Às vezes percebo algo novo. Às vezes, não. Nem toda investigação produz dados novos, porém é necessário investigar para encontrar alguma coisa.

Leia as instruções a seguir para cultivar a qualidade da investigação, depois pratique. Investigue começos e fins. Note como cada experiência, longa ou breve, começa e termina. Você pode começar com a respiração: "Respiração começa, respiração termina". Também pode notar os começos e fins de outras sensações físicas: "Coceira acontecendo. Coceira desaparecendo", "Formigamento começando, formigamento terminando". Note como os pensamentos começam e terminam, passando por você como as manchetes luminosas nos painéis eletrônicos de notícias que vemos no alto de prédios.

Se, depois de algum tempo, você se sentir inclinado a investigar mais a fundo, pode procurar descobrir atentamente de onde vêm a respiração, as sensações físicas ou os pensamentos. Ou para onde eles foram. Ou a quem eles pertenciam. Como foram notados? Essa qualidade de investigação não é uma obrigatoriedade de *descobrir*, e sim uma receptividade ao *insight* caso ele esteja pronto para acontecer. Agora, fique sentado por dez minutos.

Equanimidade não significa manter as coisas invariáveis; é a capacidade para readquirir o equilíbrio em meio a uma vida alerta e responsável. Não desejo estar constantemente calma. O contexto cultural em que cresci e os relacionamentos que fazem parte da minha vida exigem, ambos, respostas arrebatadas, com envolvimento. Rio e choro, e me alegra que seja assim. O que eu valorizo é a capacidade de me manter em equilíbrio nos momentos intermediários.

Um dos primeiros relatórios de pesquisa sobre meditação que li, provavelmente no início da década de 70, descrevia um estudo destinado a testar a suscetibilidade à distração. Também testava a reação do sobressalto. Meditadores dedicados a uma prática de vigilância calma, como a da consciência plena, por exemplo, eram ligados a eletrencefalógrafos que registravam seus padrões de ondas cerebrais. Enquanto eles se sentavam e meditavam, produzindo as esperadas ondas alfa, os pesquisadores faziam soar sinos ou campainhas em momentos aleatórios. Os padrões de EEG dos meditadores registraram reações de sobressalto, mas eles recuperavam rapidamente os padrões de onda correspondentes à atenção calma e concentrada.

Imagine que você é um dos sujeitos da pesquisa pioneira. Ponha o livro de lado. Feche os olhos. Mantenha-se alerta. Observe a mente reagir a sons-estímulos externos, a pensamentos e sentimentos internos — e perceba como *notá-los* restaura o equilíbrio da mente. Isso ocorre *mesmo*. Tente e comprove. Fique sentado por dez minutos.

Deixei para mencionar o fator energia em penúltimo lugar porque ele se torna mais evidente quando os outros fatores se desenvolvem. Às vezes, define-se energia como interesse. Eu a concebo como um entusiasmo pela prática. Zelo é um termo excelente para designá-la.

Energia é a reação da mente à possibilidade de a prática funcionar. "Ei! Vejam só! Eu *sou* capaz de me concentrar. *Estou* calmo. *Consigo* ter equanimidade. Até *sinto* um certo êxtase. Aposto que realmente *posso* fazer isso."

Meu nível na prática do zelo elevou-se consideravelmente depois que me dispus a parar de contar histórias a mim mesma e comecei a prestar atenção às experiências do momento. De início, relutei, pois acho que minhas histórias são interessantes. Porém, em pouco tempo o êxtase que acompanha a concentração tornou-se mais interessante do que minhas histórias. Nos primeiros tempos da televisão, os comediantes freqüentemente começavam suas piadas dizendo "Avise-me se já tiver ouvido esta...". Minhas histórias se autodestruíam; eu já ouvira todas elas antes.

Comecei a gostar muito da prática. O prazer de estar presente e o encanto de descobrir como a mente e o corpo funcionam eram surpresas atordoantes. Comecei a compreender o que meus mestres queriam dizer com a expressão *esforço sem esforço*.

Fique sentado agora por algum tempo. Talvez meu zelo o tenha inspirado e você sinta energia para praticar. Veja se consegue praticar, com muita energia, combinações das qualidades mentais. Concentre-se na respiração, depois use o fator da investigação para perceber algo novo. *Tenha a expectativa* de aprender algo. Enquanto se concentra, vendo profundamente, sinta todo o seu corpo. Aprecie sua vibração. Pratique o sorriso. Faz diferença.

A consciência plena é o sétimo fator da iluminação. Imagino como um químico escreveria a equação da consciência plena: concentração + calma + equanimidade + êxtase + energia + investigação = consciência plena. Ou: consciência plena = reconhecimento equilibrado e alerta da experiência presente.

Na vida, os fatores não se mantêm presentes e iguais o tempo todo. Estamos mais calmos ou menos calmos, mais interessados ou menos interessados. Isso é normal. A energia muda de lugar na mente e no corpo, e as circunstâncias mudam.

Praticar a consciência plena a cada momento, recebendo cada experiência com uma percepção alerta e serena, equilibra os outros seis fatores. Cultivar cada um dos outros seis fatores individualmente aumenta a capacidade para a consciência plena. Não é ótimo? Eu adoro isso. Não se pode errar.

Sente-se pelo tempo que desejar agora. Divirta-se. Receba cada momento com uma percepção alerta e serena.

Instruções para a caminhada da noite

Você praticou a consciência plena nos quatro reinos que Buda delineou no sermão "Fundamentos da Consciência Plena". Prestou atenção às sensações do corpo, ao tom dos sentimentos, aos estados mentais e aos *insights*. Buda ensinou-os separadamente, mas não disse que eram mutuamente exclusivos. Eles não são separados. Não poderiam ser — nada é. Você pode praticar as quatro perspectivas juntas.

Cada momento de vigilância pode ser descrito em termos das sensações físicas que estão presentes. Quando você pratica andando, as sensações físicas normalmente predominam. Quando pratica sentado, as sensações físicas podem ser tão sutis que o corpo parece desaparecer. Em qualquer dos casos, a experiência pode ser identificada por um nome.

Cada momento de vigilância também pode ser caracterizado por seu estado mental. Às vezes os alunos pensam que "estados mentais" significam emoções *fortes*. Eles dizem: "Hoje não tive nenhum estado mental". Emoções fortes são percebidas com facilidade. A percepção de estados mentais sutis requer atenção matizada.

Cada momento de vigilância é acompanhado por um tom de sentimento. Temos tendência a notar os momentos agradáveis e desagradáveis mais do que os neutros, pois aqueles nos atraem ou assustam. Nos momentos neutros, perdemos o interesse. Eles passam despercebidos. Cada momento de vigilância também oferece a possibilidade de nos darmos conta da verdade.

Para este período de prática andando, use as quatro perspectivas para ver a experiência.

Nos primeiros minutos de caminhada, deixe que sua atenção se detenha nas sensações físicas. Sinta todo o seu corpo, sinta seus pés. Continuando a andar, comece a notar o tom de sentimento predominante de sua experiência: agradável, desagradável ou neutro. Dentro em breve, comece a se perguntar "Que estado mental está presente agora?". De vez em quando, diga a si mesmo "O que é verdadeiro?".

Você pode mudar as quatro abordagens com a mesma freqüência de cada respiração, a cada cinco minutos ou sempre que tiver vontade. A verdade é uma só.

Olhar de todas as perspectivas simultaneamente permite-nos o melhor panorama. É um pouco parecido com um quadro de Picasso, no qual vemos todos os lados e a imagem vista de cima ao mesmo tempo.

Última meditação noturna na posição sentada

A um rabisco da iluminação

Aqui vão instruções especiais para praticar a meditação na posição sentada em momentos nos quais você talvez esteja com sono.

Buda disse que devemos estar alertas o suficiente para saber se acordamos inspirando ou expirando. Penso que ele não se referia apenas ao momento em que acordamos de manhã. Acordar de um devaneio é o mesmo que acordar do sono.

Despertamos centenas de vezes por dia. Perceber que estávamos devaneando — "Ei! Onde é que eu estava?" — é um momento de percepção vigilante. Notar nesse momento se estamos inspirando ou expirando é um modo natural de manter a energia da consciência plena.

Fuja de todas as possíveis auto-recriminações. "Que péssimo meditador eu sou!" "Nunca vou pegar o jeito disso!" "Aposto que passarei o retiro inteiro dormindo!" Pensamentos de dúvida fatigam a mente. Use a energia dos momentos de vigilância para apreciar plenamente a experiência corrente. "Estou inspirando", "Estou expirando", ou ainda "Estou acordado!".

Aprendi como usar a energia da consciência plena com U Sivali, um monge do Sri Lanka que estava ensinando em um retiro no qual fui discípula muitos anos atrás. Eu havia relatado a ele meu desânimo por um obstáculo específico em minha prática nos retiros. Naquela época, eu tinha o hábito de me deitar muito cedo, por volta das 21 horas. Acordava de madrugada bem-disposta, vestia-me e ia para o salão de meditação, praticar na posição sentada e andando. Chegava toda entusiasmada e, cinco minutos depois de começar a meditação sentada, eu cochilava. O resto da noite resumia-se em sentar-cochilar-andar-cochilar-sentar-cochilar. "Talvez isto não tenha nenhuma serventia, e seja melhor eu ficar na cama", eu disse a ele.

"Não", ele replicou. "Não fique na cama. Antes de mais nada, o que vale é a intenção. Mais do que isso — não importa quantas vezes você cochila. O que importa é que, de quando em quando, você acorda. Cada instante de consciência plena apaga um *momento* de condicionamento!"

Esta última frase, a idéia de que cada momento de consciência plena *apaga*, foi um incentivo enorme à minha capacidade de ter paciência. Imaginei que minha mente fosse um quadro-negro todo rabiscado e que, a cada momento em que eu prestava atenção, apagava alguns rabiscos. Pensei comigo: "Nunca *sabemos* o quanto podemos estar perto de apagar o último rabisco! Eu posso estar a um rabisco da iluminação!".

Agora ponha este livro de lado e tente praticar na posição sentada novamente. Tente prestar atenção a cada movimento da respiração toda vez que acordar. Sempre que lhe vier o pensamento "Onde é que eu *estava*?", substitua por "Onde é que *eu estou*?".

Seja lá como for que você esteja se saindo, está se saindo *muito bem*

Eis um método que aprendi com meu amigo Jack para avaliar seu próprio desempenho ao longo do retiro para meditação.

Jack estabeleceu este critério há muitos anos, quando o diretor do retiro perguntou o que ele, como mestre, achava de um determinado discípulo. Jack respondeu "Ele está se saindo *muito* bem". O diretor então perguntou-lhe sobre outra discípula, que ele sabia estar tendo bastante dificuldade. Jack pensou um pouco antes de responder. "Ela também está se saindo muito bem." O diretor, começando a perceber que as respostas eram padronizadas, perguntou sobre mais uma pessoa. "Ah, sim", Jack respondeu, "ele também está se saindo muito bem".

"Jack, o que exatamente você quer dizer quando afirma que as pessoas estão se saindo muito bem?"

E ele respondeu: "Quero dizer que elas ainda estão aqui".

Você também está se saindo *muito* bem.

Fim do
segundo dia

Se puder fazer um retiro mais longo, repita a programação do Segundo Dia. O Segundo Dia é o modelo de um dia inteiro de prática da consciência plena em retiros. Também constitui a programação para o Sexagésimo Sétimo Dia ou o Ducentésimo Octogésimo Terceiro Dia.

É util, se você estiver repetindo o Segundo Dia, reler todas as instruções e questões. Na experiência que adquiri ao longo de anos de prática, de tempos em tempos um mestre dava uma instrução e eu pensava "Essa é uma instrução *maravilhosa*. Deviam tê-la dado antes. Se a tivessem dado antes, eu estaria mais adiantada agora". A verdade é que eles sempre deram. À medida que minha compreensão se ampliou, minha capacidade de entender as instruções aumentou. Isso provavelmente também acontecerá com você.

Se você for sair do retiro amanhã, vá para o Terceiro Dia.

O Terceiro Dia traz as instruções para o último dia de retiro, seja lá quando for.

PARTE 4

Terceiro Dia

O dia de voltar para casa

Antes do desjejum

Independentemente da duração do retiro, o último dia tem certas características especiais. Um desafio especial é manter a atenção em *qualquer* atividade presente. A mente corre na frente, planejando e antevendo a volta para casa. Para sua meditação na posição sentada antes do desjejum, você pode usar a percepção dessa ação de antecipação da mente como o enfoque de sua atenção.

Sente-se como fez antes, com a intenção de se concentrar na respiração, nas sensações físicas ou nos sons — na realidade de sua experiência presente. Tente estar alerta para a presença periódica dos pensamentos "Logo estarei voltando para casa" ou "Será melhor fazer as malas agora ou mais tarde?". Os pensamentos em si não são um problema. Eles são naturais em dia de mudança.

A prática da consciência plena para esses pensamentos permitirá que você os note sem se envolver. Você não pode ir para casa antes de ir para casa, e o momento que você escolhe para fazer as malas provavelmente é irrelevante.

Meditação da alimentação

Um objetivo fundamental da prática é perceber com clareza três verdades básicas da vida: a da impermanência, a da causa e do fim do sofrimento e a da interligação — o eu inseparável. Podemos perceber todas essas verdades na respiração. Podemos perceber todas essas verdades nas sensações do corpo. Podemos perceber todas essas verdades nas idas e vindas de pensamentos e sentimentos. Podemos perceber todas essas verdades quando fazemos o desjejum.

Gostaria de sugerir que, para uma meditação da alimentação, você coma devagar, seguindo todas as instruções técnicas sobre comer: prepare a comida devagar, coma devagar, saboreie completamente. Mas além de seguir essas instruções técnicas, você pode tentar usar as reflexões sobre essas três características da experiência como as lentes através das quais você vê sua prática alimentar.

Por exemplo, você pode pensar em todas as maneiras como a impermanência se manifesta na hora do desjejum. Antes de comer, você está com fome. Depois de comer, não está mais. Antes de comer, há um prato cheio de comida à sua frente. Depois de comer, a comida se foi. Enquanto reflete durante o desjejum sobre o fato de que este é o último dia de seu retiro, você pode, por um momento, lembrar que, apenas dois dias atrás, você tinha todo o retiro pela frente. Agora, todo o retiro ficou para trás. Aonde ele foi? Desapareceu. Você não pode encontrar parte alguma dele. Ele se encontra no mesmo passado que o nascimento de Mozart ou a viagem de Colombo.

Se você pensar nos acontecimentos que virão a seguir em sua vida — voltar para casa, retornar ao trabalho — perceberá que esses são pensamentos sobre um futuro mítico que parece estar se movendo em sua direção e que logo parecerá ter ficado para trás, exatamente como você parecia ter pela frente toda esta experiência do retiro e agora ela parece ter ficado para trás.

A experiência do desjejum também pode lhe proporcionar o *in-*

sight de que o sofrimento é causado pelo apego e que o fim do sofrimento resulta do não-apego. Talvez você esteja um pouco triste por ir embora, porque estava gostando. O incômodo dessa tristeza é causado por apegar-se a uma experiência que não pode continuar. Talvez, por outro lado, você esteja ansioso por partir, pois não vê a hora de estar com certas pessoas que fazem parte de sua vida. Esse anseio também é incômodo. Você percebe que o apego a estar em outro lugar que não este cria o sofrimento na mente neste momento. Mesmo a tensão de planos relativamente neutros traz uma sensação diferente da de apreciar plenamente o que está acontecendo agora. Nesses momentos em que é capaz de simplesmente relaxar e apreciar seu desjejum, você percebe a verdade sobre o fim do sofrimento. Sempre que o apego e a rejeição estão ausentes da mente, você experimenta a liberdade. Você pode tomar este desjejum em total liberdade.

Você também pode refletir sobre a terceira verdade de toda experiência — a verdade da interligação, do eu inseparável. Certamente, em relação aos corpos físicos, somos indivíduos separados. Cada um de nós retorna a seu próprio lar, sua própria história e seu próprio círculo. Por outro lado, podemos sair das nossas histórias individuais e perceber o quanto toda vida está incrivelmente interligada.

Olhe para a comida no prato à sua frente. Pense em todas as pessoas que participaram do processo para que você pudesse tê-lo diante de si. Pessoas que cultivaram, beneficiaram, embalaram, entregaram os alimentos — na realidade, o meio que os sustentou. O fato de ter a comida diante de si é a soma de todas as condições que criaram essa comida. De modo semelhante, o fato de *você* estar onde está neste momento é resultado de todas as condições que o criaram e sustentaram, e lhe permitiram estar exatamente onde você está agora. Na verdade, há momentos em que fica absolutamente claro que toda a história da Terra, provavelmente toda a história do cosmo, precisava ser exatamente como foi para que você estivesse exatamente onde está agora, fazendo o desjejum.

Tente comer descontraidamente, ouvindo os sons ao seu redor, apreciando as sensações trazidas pelo espaço do retiro que o cerca, apreciando sua comida, apreciando estar exatamente aqui, onde você está, neste momento.

Meditação do preceito

Um retiro para a prática da consciência plena inclui, em geral, a recitação das cinco instruções tradicionais para uma vida sábia ensinada por Buda. Com freqüência, dou essas orientações como um preceito — a intenção de cultivar a clareza que se manifesta como bondade e compaixão.

Gosto de ensinar sobre preceitos no final de um retiro, quando as pessoas estão prestes a retomar suas vidas. Os preceitos não são misteriosos; para mim, eles são o modo como qualquer sabedoria que possuo se manifesta em meu relacionamento com outras pessoas. Uma mente clara é um pré-requisito para viver segundo preceitos.

Comecei a aprender sobre a relação entre uma mente clara e uma vida sábia há 23 anos, quando ensinava hatha ioga no College of Marin. Eu lecionava das 16 às 19 horas. Quando comentava sobre meu horário de aulas, as pessoas diziam "Não é uma hora difícil para você sair de casa?", porque eu tinha quatro filhos pequenos. Diziam: "Essa é a hora mais atarefada para as mães. Como você faz?".

De fato, *era* difícil, pois eu precisava trazer meus filhos da escola e pô-los para fazer a lição de casa ou levá-los para a natação ou fosse o que fosse que eles estivessem fazendo, tudo isso antes de sair para minhas aulas. Era comum eu sair de casa correndo, fervendo por dentro — "Ele devia ter chegado mais cedo em casa!... Ele devia ter lembrado da lição de casa, assim não teria precisado voltar à escola para buscá-la! Ele nunca me ouve!". Às vezes eu saía depois de ter passado um sermão em alguém, pelo menos mentalmente, sobre o que poderia ter sido feito de outra maneira.

Eu começava a aula pensando: "Este não é um bom modo de começar a dar uma aula de hatha ioga — tão zangada". Mas não ficava bem nem ajudava nada dizer aos meus alunos: "Minha mente está em tumulto". Por isso, eu precisava improvisar ou fingir durante os primeiros 15 minutos. Eu começava os exercícios de ioga, essencialmente uma comovente prática de consciência plena. Prestava atenção à minha experiência e a descrevia aos meus alunos para que eles pudessem praticar junto comigo. Freqüentemente eu dizia: "Estendam os braços ao lado do corpo, prestem atenção a todas as sensações nos braços, nas mãos e nos ombros...", e estava pensando: "É melhor ele se lembrar da lição de casa amanhã", enquanto prosseguia dizendo: "...ponham os braços para trás agora, sintam cada sensação nos braços, inspirem e expirem".

Se eu praticasse diligentemente, descobria que logo eu sentia como se um nó houvesse se desatado em minha mente. Do nada vinha a compreensão. "Ele tem oito anos! Não se preocupa com lição de casa. Não tem noção das minhas aulas no College of Marin. Não ralhe com ele. Ele está indo bem." Eu genuinamente compreendia.

No caminho para esse entendimento, minha mente estivera confusa. "Vou chegar atrasada. Não farei um bom trabalho. Parecerei indigna de confiança." O medo confunde a mente. Quando estamos calmos e prestamos atenção, começamos a ver de um modo sábio.

A palavra *sabedoria* pode parecer intimidante — como se significasse a sabedoria de todos os tempos, ou uma sabedoria espantosa sobre como o cosmo funciona. Acho que significa simplesmente estar ciente de que as coisas são como são. Crianças de oito anos são apenas como crianças de oito anos. Quando somos sábios, vemos claramente e escolhemos atitudes integradoras. Prestar atenção é o que faz a diferença.

Se preferir, para esse período de meditação sobre preceito, pense nas pessoas de seu meio com quem você estará interagindo esta tarde, amanhã e nos próximos dias.

Preparação para a meditação da bondade amorosa

O exercício de aquecimento para enviar votos de bondade amorosa (*metta*) a você mesmo é pensar em qualquer coisa de valor que você já tenha feito. Buda ensinou que a primeira causa do despertar do *metta* é ver a bondade em alguém. Fazer um retiro para a prática da consciência plena é uma ação valiosa, e você *acaba* de praticá-la. Os budistas diriam que você acumulou "mérito".

No final de um retiro é freqüente eu me sentir exultante, com um sentimento parecido com o de quem empreendeu uma jornada para um país distante e nem acredita que conseguiu transpor o abismo sozinha. Isto acontecia especialmente nos meus primeiros tempos de prática, quando os retiros me davam a mesma sensação de quem entra na Space Mountain, a montanha-russa em recinto fechado da Disneylândia. Ali, quando o percurso começa, você não pode mais sair, tem de ficar até o fim. E, o que é pior, como é escuro e você não enxerga as curvas, os *loops* e as guinadas, não há como prevê-los e se preparar para eles. Não há alternativa senão render-se à situação e ir até o fim. Como quer que este retiro tenha sido para você, você foi até o fim.

Em pouco tempo desisti de tentar prever como seria minha experiência no retiro. Certa vez, com a melhor das disposições de ânimo, juntei-me à fila para entrar no salão de meditação com umas trinta ou quarenta pessoas pouco antes de fazermos o voto de silêncio que marca o início do retiro. Len, que vinha logo atrás de mim na fila, cumprimentou-me e disse: "A propósito, Sylvia, sua filha já conseguiu emprego?".

"Não", respondi, "ela ainda está procurando".

"O rádio é um meio difícil de entrar", ele comentou, provavelmente para me consolar; depois disso, começamos a cumprir o voto de silêncio.

No salão estava tudo quieto, mas minha mente estava a cem por hora, numa conversa cheia de auto-recriminação. "Como você pôde ter sido uma mãe tão horrível! Nunca deveria tê-la encorajado! O *show business* é tão precário! Provavelmente isso seja resultado de seus impulsos dramáticos, projetados sobre ela! Por que você não insistiu para que ela seguisse uma carreira *normal*? Talvez você devesse sair escondida do retiro e telefonar para ela, dizer-lhe para mudar de carreira! Len *trabalha* no rádio, ele seguramente sabe!" Eu estava tendo um monumental ataque de impedimentos — pensamentos de dúvida, raiva, preocupação, que me confundiam e que eu *devotamente* desejei que sumissem. Não me lembro se a longa diatribe de pensamentos parou ou prosseguiu até o final do retiro. *Eu* permaneci no retiro até o fim. Senti-me uma heroína.

À medida que fui adquirindo mais experiência com a prática em retiro, minha sensação de Space Mountain abrandou-se. Alguns retiros eram fáceis, outros difíceis. Percebi que a intenção de manter a consciência plena era o que importava. Categorizar as experiências segundo o grau de dificuldade não era importante. Tudo era apenas experiência.

Independentemente de como tenha sido sua experiência, atribua mérito a si mesmo.

Questão

Mas não me sinto com mérito. Na verdade,
durante meu tempo de meditação aqui,
tomei consciência de várias coisas que fiz
e me arrependi de ter feito, e de coisas que
deveria ter feito e não fiz.

Uma coisa que caracteristicamente me acontece durante os períodos de prática em retiro é lembrar, de modo totalmente espontâneo, as ações das quais me arrependo. Essa é uma das coisas que acabei por aceitar, respeitar e *até mesmo* apreciar na prática da meditação.

Acontece que um inventário moral pessoal espontâneo é uma das conseqüências da mente que está se acomodando. Quando isso começou a acontecer comigo, fiquei surpresa e um pouco decepcionada. De início, era desanimador perceber que eu cometia erros tão freqüentemente, magoando as pessoas, deixando coisas boas por fazer, não sendo totalmente compreensiva ou compassiva. Por outro lado, era tranqüilizador descobrir que a prática alertava-me para esses erros e que assim eu podia remediá-los.

No retiro, eu precisava despreocupar-me com o fato de não poder reparar meus erros imediatamente. Não costumo escrever durante os retiros, mas sempre relaciono uma série de reparações que pretendo fazer quando voltar para casa. Desse modo, não preciso memorizá-las.

O inventário moral e minha resolução de fazer as reparações são, para mim, a prova de que a prática funciona. Creio que é isso que os textos querem dizer quando mencionam a prática como: "a purificação do coração".

Use alguns momentos agora para sentar-se tranqüilo, relaxar e respirar profundamente, acalmando-se. Depois, vá para a página seguinte e veja as instruções para a bondade amorosa.

Prática formal da bondade amorosa

O ritual tradicional para encerrar um retiro de consciência plena é um período de prática formal da bondade amorosa (*metta*). A meditação da bondade amorosa é uma fórmula estruturada para desejar coisas boas a alguém. De início, eu julgava que a razão de esta ser uma prática formal de encerramento do retiro era que se presumia que todo mundo ficaria com um estado de espírito sereno e feliz. Desejar coisas boas a todos os seres, inclusive a si mesmo, é um reflexo óbvio, natural de sentir-se bem. Hoje, acredito que desejar coisas boas a si (e a todos os seres) também é a resposta mais compassiva a *não* se sentir bem, além de ser o antídoto mais natural a esse sentimento. Portanto, seja qual for a sua situação, encerre com bondade amorosa.

Sente-se em um lugar confortável, em uma posição confortável. Feche os olhos e sinta sua respiração. Pense em alguém que você ama muito, alguém que você acha que tem muito amor por você. Nos textos tradicionais, essa pessoa é chamada "o benfeitor", porque nos sentimos gratos por ter uma pessoa assim em nossa vida.

Pensar em uma pessoa tão amada traz grande prazer à mente. É fácil enviar-lhe desejos ternos. Você pode inventar as palavras que quiser para expressar seus desejos. As palavras tradicionais, muito simples, são:

> *Que você seja feliz.*
> *Que você tenha paz.*

Diga as frases mentalmente várias vezes. Muitas pessoas acham mais fácil dizer uma frase enquanto inspiram e a outra enquanto expiram. Não é necessário que você se limite a essa técnica de "inspiração–uma frase, expiração–outra frase", mas você pode tentar usar esse método para saber se ele ajuda a manter sua atenção concentrada.

É bem provável que pensamentos ternos dirigidos a um benfeitor o ajudem a ter pensamentos semelhantes sobre si mesmo. Creio que essa tenha sido a razão de Buda ter sugerido que enviar desejos bons a si mesmo deveria vir depois de tê-los enviado a alguém a quem se ama imensamente. Dessa maneira, independentemente de como você estiver se sentindo com relação a si mesmo, a energia de sua ligação com a pessoa querida elimina qualquer hesitação que você possa ter com respeito a desejar coisas boas a si mesmo. Use as mesmas frases:

Que eu seja feliz.
Que eu tenha paz.

Durante alguns minutos, tente alternar conjuntos de frases — para a pessoa que ama e para você. Tente praticar com toda convicção, com o sentimento de que desejar coisas boas é importante, mas não fique tenso com isso. A prática da bondade amorosa é uma prática feliz. Sorria.

Depois de algum tempo, sempre que se sentir pronto, pense em outras pessoas que você conhece e ama. Freqüentemente as pessoas vêm me contar que, no mesmo momento em que decidem incluir algum outro indivíduo além de seu "benfeitor", forma-se uma longa fila de pessoas na mente, esperando sua vez de receberem as bênçãos. Você pode deter-se na imagem de uma pessoa específica por algum tempo ou percorrer a fila, com um desejo destinado a cada pessoa. As frases permanecem iguais:

Que você seja feliz.
Que você tenha paz.

Um passo adiante na prática formal é trazer à mente as imagens de pessoas com quem você teve problemas. Quando a mente encontra-se tranqüila depois de ter desejado coisas boas a pessoas queridas, às vezes consegue *manter-se* relaxada mesmo quando é ocupada por pensamentos sobre pessoas não amadas. Se você desejar tentar, por alguns minutos, com a categoria das pessoas que lhe causaram problemas, vá em frente. As frases são as mesmas:

Que você seja feliz.
Que você tenha paz.

Você saberá se estava pronto para passar para essa categoria que apresenta um desafio maior. Se pensou: "Ainda me recordo do que essa pessoa me fez, e gostaria que ela não tivesse feito isso — mas não preciso desejar-lhe mal", então você estava pronto.

Se pensou: "Puxa vida, que pena eu ter me lembrado dessa pessoa — agora estou ficando com raiva porque me recordo do que ela me fez", você saberá que ainda não era hora de incluí-la. Passar adiante pode esperar até um outro dia. Volte a pensar em seu benfeitor, percorra sua lista de boas amizades, deseje coisas boas a você mesmo até seus sentimentos de raiva desaparecerem.

Sempre que desejar, continue sua prática da bondade amorosa andando. Se o tempo permitir, saia ao ar livre. Faça uma caminhada por uma área maior do que sua pequena trilha anterior, na qual seja provável você deparar com outros seres. Se você fez seu retiro na cidade, provavelmente passará por muitas pessoas enquanto caminha. Se foi para o campo, talvez encontre apenas cavalos e vacas. Se fez um retiro em uma região agreste, poderá ver pássaros e borboletas. O denominador comum importante compartilhado por pessoas, vacas e pássaros é serem todos seres vivos. Um verso especialmente bonito do *Metta Sutta*, o ensinamento de Buda sobre a prática da bondade afetuosa, diz: "Que todos os seres sejam felizes, seja qual for sua natureza viva".

Caminhe por mais meia hora — se você quiser e as circunstâncias permitirem — e deseje coisas boas a todo ser vivo que encontrar. Se desejar felicidade a vacas parecer tolice, você pode modificar as frases e dizer:

Que você esteja bem.
Que você esteja bem.
Que você esteja bem...

De vez em quando, lembre-se de dizer:

Que eu esteja bem.

O objetivo supremo da prática da bondade amorosa é substituir os votos de felicidade pessoais pelo de desejo do bem universal estendido a todos os seres do mundo. Recitar as tradicionais frases *metta* para todos predispõe a mente nessa direção. Termine sua caminhada com uma visão global, tudo vendo e nada escolhendo.

Que todos os seres sejam felizes.
Que todos os seres tenham paz.

"O importante é plantar"

Qualquer que tenha sido sua experiência no retiro, ela foi suficiente. Não existe absolutamente nenhum modo de avaliar a consciência plena de imediato. Sentir-se em êxtase, ou mesmo sentir-se bem, não é um critério necessário. Existem muitas maneiras de alterar a experiência de forma temporária, que não conduzem necessariamente à sabedoria. Por outro lado, se estiver encerrando seu retiro com um sentimento de tristeza, isso não é forçosamente um sinal de que você fez tudo errado. Talvez você tenha aprendido uma verdade importante que vinha escondendo de si mesmo. Isso seria um progresso.

Se você se sente tranqüilo, isso é ótimo. Porém, se não se sentir assim, até mesmo se estiver nervoso, isso pode significar que você está *no caminho* para uma nova compreensão. Nunca se sabe. Talvez você esteja pensando: "Ora, estou apenas começando a entender como todo momento surge e desaparece, e agora tenho de ir para casa!". O fenômeno vai continuar se repetindo em casa exatamente como no retiro. Você pode ir para casa.

Minha amiga Sharon descreve a prática da consciência plena usando a imagem de um agricultor semeando um campo. Ela explica: "As sementes são jogadas por todo o terreno. Algumas germinam imediatamente, e outras, porque o solo não recebe calor suficiente ou é úmido demais, brotam mais tarde". Eu compreendia a imagem de Sharon pensando em minha própria horta. Pensava nas coisas que fazia rotineiramente para preparar o solo. A prática da meditação é semelhante a uma contínua preparação do solo.

Boa parte da prática resume-se na *intenção*. Nos textos tradicionais, a intenção é explicada como "inclinar a mente na direção do *insight*". Acredito que o próprio ato de dedicar tempo à consciência plena, simplesmente *praticando-a*, "inclina a mente".

Minha amiga Mary Kay telefonou-me hoje de manhã. Contei-lhe que este ano não poderei plantar a grande horta que normalmente cultivo, pois estou escrevendo o mais rápido possível para entregar um livro no prazo combinado. Eu lhe disse: "Este ano não tenho tempo para uma horta completa. Plantei apenas um pouco de tomate e abobrinha".

"Tudo bem", Mary Kay replicou. "O importante é plantar."

A grande dádiva da consciência plena

Quando ensino consciência plena, geralmente explico às pessoas que ela é científica. Digo-lhes que Buda foi um psicólogo admirável e que ele apresentou uma explicação maravilhosamente clara sobre como a mente funciona. Com freqüência, digo: "A consciência plena é prática. Estar presente em cada momento, com plena compreensão e calma aceitação é um modo de viver satisfeito e feliz. Isso tem sentido. É inteiramente racional. Não é mágica".

Na verdade, isso não é tudo. No início deste retiro, mencionei que a consciência plena é um modo de ao mesmo tempo ser sábio e tornar-se sábio. Quero concluir dizendo que essa prática, no decorrer do tempo, é um modo de tornar-se *cada vez mais* sábio. A consciência plena é a prática que Buda ensinou para que uma pessoa se torne inteiramente sábia, compassiva, afetuosa e feliz.

Segundo Buda, as pessoas iluminadas aperfeiçoaram dez qualidades especiais. Elas são chamadas *paramitas*. Eis a lista: moralidade, determinação, renúncia, esforço, equanimidade, honestidade, paciência, bondade amorosa, generosidade e sabedoria.

Reflita sobre sua experiência no retiro. Vejo a intenção de dedicar-se à prática do retiro, mesmo antes de ele começar, como um ato de *moralidade*, um reflexo do nosso desejo de sermos bons para nós mesmos e para os outros. Você precisou de *determinação* para levar avante o retiro, ficar longe dos amigos e familiares, e a rotina normal durante esses dias exigiu *renúncia* e *esforço*. Cada vez que você se acomodou a uma nova situação, a um novo sentimento ou pensamento, praticou a *equanimidade*. Cada momento de consciência plena foi um momento de *honestidade*. Permanecer no retiro foi um ato de *paciência*. Oferecer *bondade amorosa* foi um ato de *generosidade*. Cultivá-la foi um ato de *sabedoria*. Você fez tudo isso. Apenas com consciência plena.

Assisti certa vez a uma reportagem na televisão sobre um triatlo especial para alunos de uma escola de culinária. Em vez de ciclismo-corrida-natação, as provas eram ciclismo-corrida-culinária! Cada competidor, depois de receber uma mochila com conteúdos não revelados no início da prova, pedalou o número requerido de quilômetros, depois correu a distância necessária, o tempo todo carregando a mochila. No fim dessa corrida, todos chegaram a uma cozinha enorme, repleta de fogões, e cada um preparou o conteúdo de sua mochila. Todas elas continham ingredientes idênticos.

Os ingredientes para se tornar como Buda são parte de nosso potencial de caráter básico. Os alunos da escola de culinária *sabiam* o que estavam cozinhando. Sem que você soubesse, o tempo todo em que esteve sentado, andando e prestando atenção, as dez (*paramitas*) estavam em ebulição, por conta própria. Pense no seu cultivo como a grande dádiva da consciência plena.

Receita da sopa de Buda

Ingredientes:

Moralidade

Determinação

Renúncia

Esforço

Equanimidade

Honestidade

Paciência

Bondade amorosa

Generosidade

Sabedoria

Modo de preparo:

Use quantidades iguais de concentração, calma, equanimidade, êxtase, investigação, energia e consciência plena.

Aguarde.

Sylvia Boorstein ensina consciência plena e organiza retiros nos Estados Unidos. É professora co-fundadora (juntamente com Jack Kornfield) do Centro de Meditação de Spirit Rock, em Woodacre, Califórnia, e professora da Sociedade de Meditação do Insight, em Barre, Massachusetts. Também é psicoterapeuta praticante. É autora de *It´s easier than you think: the buddhist way to happiness.*

Leia também

MEDITAÇÕES DIRIGIDAS
Roteiros para meditar em diferentes situações de vida
Stephen Levine

Quem gosta de meditar terá neste livro um grande aliado. Nele podem ser encontradas orientações para todos os tipos de situações, desde um texto singelo que nos mobiliza internamente para a tranqüilidade, passando por meditações mais profundas, de cura, até as leituras adequadas para o momento da morte. Um excelente guia, tanto para profissionais como para praticantes, experientes ou não.

A MULHER NO LIMIAR DE DOIS MUNDOS
A jornada espiritual da menopausa
Lynn V. Andrews

Uma abordagem ritualística da menopausa. A autora, californiana, praticante de cerimônias indígenas do Canadá, conta como vivenciou sua própria menopausa e a de quatro discípulas suas. Magia e emoção transformam esse relato em um rito de passagem inesquecível. Fonte de inspiração para que a mulher moderna repense e reavalie a visão tradicional da menopausa.

O CAMINHO QUÁDRUPLO
Trilhando os caminhos do guerreiro, do mestre, do curador e do visionário
Angeles Arrien

A principal característica do trabalho dessa antropóloga americana é estabelecer uma ponte cultural entre a antropologia, a psicologia e a religião através das tradições xamânicas. Em linguagem simples e fluente, ela mostra como a sabedoria dos povos indígenas continua sendo importante para nossa vida em família, em nosso trabalho e em nosso contato com a Terra. Com exercícios e ilustrações.

NO MUNDO COM ALMA
Repensando a vida moderna
Robert Sardello

Nos últimos cem anos, a psicologia tem buscado curar a alma das pessoas. Agora, segundo o autor, psicoterapeuta e pensador, é hora de cuidarmos da alma do mundo. Ele analisa vários aspectos da vida moderna: arquitetura, dinheiro, cidades, medicina, tecnologia, mostrando novas maneiras de usufruir disso tudo.

GUIA DO CRESCIMENTO ESPIRITUAL DA MULHER
Nelly Kaufer e Carol Osmer-Newhouse

Esse livro proporciona uma experiência inesquecível a toda mulher que busca estar inteira e em harmonia, integrando o lado espiritual de sua vida. Com exercícios de reflexão, meditação e visualização, a leitora é ajudada a superar bloqueios, identificar suas verdadeiras necessidades e escolher o seu próprio caminho. Que pode estar ligado à questão da religiosidade ou não. A apresentação brasileira é da psicóloga Denise Ramos.

ISR 40-2146/83
UP AC CENTRAL
DR/São Paulo

CARTA RESPOSTA
NÃO É NECESSÁRIO SELAR

O selo será pago por

summus editorial

05999-999 São Paulo-SP

CADASTRO PARA MALA-DIRETA

Recorte ou reproduza esta ficha de cadastro, envie completamente preenchida por correio ou fax, e receba informações atualizadas sobre nossos livros.

Nome: _____ Empresa: _____
Endereço: ☐ Res. ☐ Coml. _____ Bairro: _____
CEP: ___-___ Cidade: _____ Estado: _____ Tel.:( ) _____
Fax:( ) _____ E-mail: _____ Data: de nascimento: _____
Profissão: _____ Professor? ☐ Sim ☐ Não Disciplina: _____

1. Você compra livros:
☐ Livrarias ☐ Feiras
☐ Telefone ☐ Correios
☐ Internet ☐ Outros. Especificar: _____

2. Onde você comprou este livro? _____

3. Você busca informações para adquirir livros:
☐ Jornais ☐ Amigos
☐ Revistas ☐ Internet
☐ Professores ☐ Outros. Especificar: _____

4. Áreas de interesse:
☐ Psicologia ☐ Comportamento
☐ Crescimento Interior ☐ Saúde
☐ Astrologia ☐ Vivências, Depoimentos

5. Nestas áreas, alguma sugestão para novos títulos? _____

6. Gostaria de receber o catálogo da editora? ☐ Sim ☐ Não

7. Gostaria de receber o Ágora Notícias? ☐ Sim ☐ Não

Indique um amigo que gostaria de receber a nossa mala-direta

Nome: _____ Empresa: _____
Endereço: ☐ Res. ☐ Coml. _____ Bairro: _____
CEP: ___-___ Cidade: _____ Estado: _____ Tel.:( ) _____
Fax:( ) _____ E-mail: _____
Profissão: _____ Professor? ☐ Sim ☐ Não Disciplina: _____ Data de nascimento: _____

Editora Ágora
Rua Itapicuru, 613 Conj. 82 05006-000 São Paulo - SP Brasil Tel (011) 3871 4569 Fax (011) 3862 3530
Internet: http://www.editoraagora.com.br e-mail: agora@editoraagora.com.br